なにが見えてる?

フシギな子どもを育てる　フツーのおかあさんの　スピリチュアル奮闘記

じぇいど♪ 著

青い月 イラスト

まえがき

世の中には人類がアセンション（次元上昇）するという前提でなにが起こるのか解説したり、それに向けて真面目にスピリチュアルな修行をしたり、といった本やサイトがゴマンとあります。そういうのを読みながら「ばっかだなぁ～、ノストラダムスが予言した一九九九年七の月だって二〇〇〇年問題だって、数々の「大地震がくる！」っていう予言だって、なにひとつ当たってないじゃんよ」とへらへら笑ってバカにしていたのは、つい数年前のことでした。

なんとかセラピー？　ヒーリング？　天使さま？　宇宙人と交信してメッセージ？　なんじゃそりゃ！　まあ、信仰の自由は憲法で保障されてるし、なにを信じたって、それにいくら払ったって個人の自由だから、たとえそれが集団妄想だとしても信じてる人同士で仲良くやっていればいいんじゃないの？　そう思ってました。

「インディゴチルドレン」「クリスタルチルドレン」と呼ばれるサイキックな子どもが増えているという話だって、「親が自分の子をポジティブにとらえることができてそれで救いになるんだったらいいんじゃないの」と正直ついこの間まで思ってました。がっ……。

ある日、気がついたんです。

うちの子どもっていったいナニ？　充分とってもサイキック！

米国で生まれ育った10歳の長女ちゅまの言うことは日々エスカレートするばかり。ほかの人には見えない〝なにか〟が見えている⁉　しかもどうやら〝なにか〟を見たり感じたりする子はほかにもいるらしい……。

イマジネーション豊かな子どものホラ話？　ただの空想話？　いったいあの子たちにはなにが見えているんだろう？

もしもちゅまの言っていることがホントに本当なら、これは記録に残しておいたほうが同じように「不思議体験進化中」の子どもたちを育てている人たちの役に立つこともあるのでは？　そう思った私、サイキックでもチャネラーでもなくヒーリングすら習ったこともないじぇいど♪、半信半疑のままながら、我が家のアブナイ（？）日常を綴っていこうと思います。

Contents
なにが見えてる？　目次

第3章 ちゅま、宇宙へオシゴトに出かける!? 101

第4章 みんなの成長、我が家の変化!? 155

第5章 おかあさんになにかが起こってる!? 207

本書は、ブログ「なにが見えてる?」(http://plaza.rakuten.co.jp/californiajade/)に掲載された記事(2006年6月~2007年3月更新分)に加筆修正をくわえ、構成したものです。

第1章

うちの子には なにかが見えてる!?

霊感の強い子ども

長女のちゅまが小さい頃、もしかしてこの子霊感があるのかなぁ、と思ったことが何度かありました。でも、大きくなってからはそんなことはすっかり忘れていたし、時々それらしいことがあっても、気のせいだと思っていました。

ところが10歳になったある日のこと。ちゅまがふいに話し始めたのです。

「学校にオレンジ色の猫がいてねー。ちゅまと友だちのクリスが一緒にベンチに座ってるときだけ、よく来るんだよ」

あー、学校に迷い猫でも入ってきたのね、と思いながら聞いていました。

「あたしとクリスのほかに見えるのは、学校中で下の学年の子がひとりだけでね」

ん？「見えるのは」ってことは……つまり、普通の「肉体のある」猫じゃないってこと⁉

うわー、怖っ。怪談、思いっきり苦手なんですよ、おかあさんは……。

「それでね、その猫がクリスについていっちゃって、校門で待ってたクリスのお母さんの車に乗っちゃったりしてね。でもクリスのお母さんは見えないから——」

いやー、そういうのってヤバくない？　と思い、霊感があってスピリチュアル系の資格を持っている友人に相談してみました。その友人によると、「嫌な感じがしなければ、猫はいいものらしいわよ。もともと霊感の強い動物だから。大丈夫じゃない？」とのこと。

実はこの友人、以前になぜか『インディゴチルドレン』『クリスタルチルドレン』というものがあってね、あなたの家の子どもたちってそうかもよ」と教えてくれたことがあったのです。当時はぜんぜん関心がなく、ふーんって思っただけだったのですが、ひょっとしたら彼女、ちゅまに霊感みたいな能力があるって、わかっていたのかもしれません。

この「見えないオレンジ色の猫」の話をきっかけに、私とちゅまとの間でスピリチュアルな話がオープンに交わされるようになりました。

見えないお友だち

小さい子どもの中には、「本人にしか見えないお友だち」がいる子がいる、という話をよく聞きます。アメリカで人気の子ども向けテレビアニメ『Arthur』の主人公の妹にも「本人にしか見えないお友だち」がいたし、育児書にもたいていそんなことが書かれているので、アメリカの幼児教育ではわりと一般的なこととしてとらえられているよう。

我が家のちゅまの場合、2、3歳くらいまでは「透明のキティちゃん」が遊びにきていました。朝起きるとやってきて、夜は寝る前にキティちゃん一家がお迎えに来るので、ちゅまは玄関までお見送り。幼稚園に行くようになっても、

「あ、キティちゃんはキティちゃんのお母さんの車に乗って学校に行くのね」

なんて言っていたり。妹のももちゃんが生まれてちゅまと一緒に遊べるようになるまで、ひとり遊びのときはいつも「透明のキティちゃん」が遊んでくれていました。

ふたりで（?）遊んでいる様子があまりにリアルなので、ママ友に「ふふふ、ほん

とにいるのかもよ、キティちゃんー　などと脅かされたこともあったのですが、当時は「んなわけないじゃん。小さい子特有の想像ごっこでしょ」と思っていました。

その後、ちゅまが7、8歳くらいのときにその話をすると、

「あー、覚えてるよ。まあ、今でもいないわけじゃないんだけどねー。へへへ」

と話を濁しておりました。

そして10歳の現在、

「いや、本当にいたのよ。キティちゃん」

と断言するちゅま。

要するにそれって、スピリチュアルな世界でよく言われる「守護霊」とか「ハイヤーセルフ」とかと同じものなのかも。そういうものって、本人が持っている宗教観とか観念によって、見える形が変わるんじゃないかな？　と思うのです。同じものが、人によっては天使に見えたり、仏教系の存在に見えたり、人間に見えたり、動物に見えたり。

それにしても、キティちゃんとはねぇ……。

我が家の「見えない動物さん」たち

我が家には「見えないお友だち」だけじゃなく、「見えない動物さん」たちも「動物園かっ！」っていうぐらいたくさんいるらしい……。

ちゅまは10歳を過ぎた頃に、「人には動物が一緒にいる人と、いない人がいる」ということに気がついたのだとか。最初はなんの知識もなかったので「なんだこれ？」と思っていたらしい。そのうち、ちゅまのそばにも動物がいることに気づき、その動物と話し始めたのだそうです。

アメリカではどこでもそうなのかはわかりませんが、私たちが住んでいる地域の小学校では、社会科でネイティブアメリカンの文化と歴史について学びます。そこで、ネイティブアメリカンの世界には「トーテムアニマル」や「パワーアニマル」と呼ばれる、人間を守ってくれる動物の姿をした自然霊がいる、ということを習ったとき、「ああ、これか？」とわかってきたそうで。

ちゅま曰く、ちゅまのそばにはいつも狼さんがいて、いろいろ教えてくれるんだそう。後になって本やネットで調べたら、「狼は教師」と書いてあったのでビックリ。学校にも一緒に行って、お気に入りの木の下でお昼寝するんだとか。

2歳の三女ばんぶるにはいっぱい動物がいて、最初ねずみだったのが、いつのまにか猫に変わっていて（猫が来たからねずみは逃げちゃった？）、後から来たのは大きめのラブラドールに似た犬。そのほかにもお馬さんと、でっかいオーブのように見えるなんだかわからないものがいるそう。みーんなが小さいベビーベッドの中でごちゃごちゃに寝ているんだとか。おかあさんには、想像すらできません……。

「おかあさんにはなにもいない」

と言われていたのですが、つい最近、

「やっとおかあさんにも動物が来たよ、キツネ」

とのこと。キツネというと、「狐憑き」とか「九尾の狐」といったイメージがあるので最初は怖かったけれど、リスくらいの大きさの子ギツネだと聞いてひと安心。私にくっついて歩いて、台所にある巨大サラダボウルの中にいたり、パソコンの上に乗っかっていたり、買い物カートにちょこんと座っていたり、車の助手席に乗っていたり、とってもかわいいんですって。私にも見えたらいいのになぁ、と思うんですが、なんせ見えないので、私はまるっきし見当違いの方向に向かって話しかけたりしているらしいです。

「あたしはー？　あたしのはなにー？」

とかわいい動物を期待してワクワク尋ねた6歳の次女ももちゃん。

「ももちゃんはねぇ……虫！　甲虫類みたいなの。ほら、肩に止まってるよ♪」

と言われて、虫がキライなももちゃんはビミョー。調べたら、トーテムアニマルには「スカラベ」っていうのもいて、エジプトでは太陽神の使いとして大事にされ、アクセサリーのモチーフとしてもよく使われているのだとか。

おとうさんにはトーテムアニマルはいなくて、昔おとうさんが飼っていた犬が一緒にいるらしい。ちゅまによれば、「トーテムアニマルと死んでしまったペットではオーラが違うから、すぐわかる」んだとか。おとうさんが小さい頃から十数年連れ添って、一緒に犬小屋で寝ちゃったりして超かわいがっていた犬なので、なんだか納得。今も、普段はおとうさんにくっついて会社に行ったり、家のおとうさんのベッドで寝ているんだそう。でもおとうさんはぜんぜん「見えない」人なので、踏んづけてたり、鼻先でバンッてドアを閉めちゃったり、かなりひどい扱いをしているようです。

我が家ではこういうのが家中をウロウロ。家族でおでかけのときは全員（?）車に乗ってきて、ぎゅうぎゅうづめ状態。こりゃ、実体があったら狭くて大変。透明でよかったぁ！

石のオーラが見える子ども

ちゅまは昔っから、そこら中で石を拾ってくる子でした。毎日ポケットから石がごろごろ出てきて、出し忘れると洗濯機から「カラン、カラン……」。家の中にもあちこちに小石が落ちているので、妹たちが赤ちゃんのうちは、危険なことこの上ない。そのうち洗濯機が壊れちゃうんじゃないか、誰かが飲み込んじゃうんじゃないか、と心配になり、「石拾い禁止令」を出しました。ま、全然効果ありませんでしたが……。

やがて小学校低学年になると、今度は鉱物学の本に関心がいき、最初は子ども用、そして大人用の鉱物図鑑に夢中になり、「鉱物学をやる人になりたいな」などと言い出す始末。小学校二、三年生の女の子が将来なりたいものって、お花屋さんとかケーキ屋さんとかお姫様じゃないの？　鉱物学だなんて、ずいぶん地味だし変なヤツだなあ、と思っていたのでした。

「石がそんなに好きなら」と、おばあちゃんがローズクォーツのにぎりこぶし大の原石をちゅまにくれたのですが、「これがあるとよく寝られるのよ」と、以来ずっと枕元に。後になって知ったのですが、実に正しい使い方だったのですね、これが。

　そのうち当然のように、関心はいわゆるパワーストーン、クリスタルなどに移っていき、石好きのお友だちとの間で情報交換。「グランド・キャニオン」のお土産屋で売っていた「貴石一袋つめ放題」というのをねだられて買ったのが、コレクションの始まりでした。

　しかもちゅまは、どうやら石のオーラがかなり敏感にわかるらしい。人間や動物だけじゃなく、石、植物、水などの自然物をはじめ、ありとあらゆるものの周りに何かを感じているらしいのです。

　石に興味を持ち始めたばかりの頃は、おもちゃの石磨き機で磨いた小石と観光地のお土産屋で買った石、数十個を、ひとつの袋にごっちゃ混ぜにつっこんでいるだけでした。そこで私は、小さなビニール袋に名前をつけて分けてみれば、と提案。すると、まだ石の名前もよくわからないはずなのに、ザラザラーっと石を机にばら撒き、どれも似たように見える小さな石を猛烈なスピードで分類し始めたのです。

「これとー、これとこれは一緒。これはー、二種類が混じっちゃってるなぁ。半分はこっちと同じで、半分はそっちだなぁ」

などと、よく見もせずにやっている。

「どうやって分類してるの？」

「んー、オーラっていうか、バイブレーションっていうか、そういうのが同じやつを集めてるの」

分類し終わったものをよく見ると、ちゃんと同じような石同士が集めてある。

誰に教わったわけでもないのに、ネットや本で石の写真を見ては、

「ああ、これはオーラの方向と逆の方向に削っちゃってる。いい石なのに残念」

「これは見た目は大きくてきれいだから高いけど、こっちの小さくて安い石のほうがずっといいパワーを持ってる」

などとコメントしたり、「削って磨いてある石と原石のままの石のオーラの違い」を延々と説明してくれたりする……。

こいつはいったいなにを見てるんだ？　なんでそんなことがわかるんだ？

そして今、服のポケットから普通の石がごろごろ出てくるのは、２歳の三女、ばんぶる……。おまえもかー！

へぇ〜学校に猫がいるの
♪〜
クリスのお母さんになついてるの
スリスリしてるけどクリスのお母さん見えない人だから気がつかないの
あと学校で猫が見えるのはね低学年の子で…
へぇ〜見えない猫がいるんだぁ気づかないのおっかしいねぇ〜
見えない猫が!?
見えない猫が

パワーストーンってどこで買やぁいいんだ？

ちゅまと一緒に、インターネットでいろんなスピリチュアル系サイトをめぐってみて、やっとパワーストーンというものの輪郭がおぼろげながら見えてきた。パワーストーンというのは「浄化」しなければいけないらしい。手っ取り早いのは「クラスター」とかいうものに乗っけることだとわかりました。

しかし、「クラスター」ってなんだ？

よし、それじゃぁ、パワーストーン屋でクラスターとやらを買ってみるか！　ということになったけれど、スピリチュアル関係にまったく興味のなかった私は、店がどこにあるのかさえわからない。友だちに聞いてみても漠然とした情報しか得られず、ネットで「Stone」と入力して検索すると石材屋やタイル屋が、「Spiritual」で検索すると宗教団体やヨガ教室の情報が出てきてしまう……。もう面倒なので放っておこうとしたけれど、ちゅまは「それで、いつ石屋に行く？」と一日に何回も催促する。

しょうがないので、それらしき店が集まってそうな道でやみくもに車を走らせて、

「両脇を見てろーー！　オーラでわかるだろう！」

なんて言って、いいかげんなこともやってみた。でもなかなか見つからない。

空振りの日々が続いたある日、なんとなく、ビーチに寄って散歩でもしていこうかと、いつもと違う道を通ったときのことでした。

「あっ、あっ、なんか……あったぁーっ！　車とーめーてーっ！」

とそこに、それらしき小さな店が。あああ、この店の前なら、昔から何回も通ってるのにぃ。どうして気づかなかったんだろう？

ショーウィンドウにはでーっかいスフィアや巨大原石がいーっぱい。ちゅまは店に飛び込みました。

「石の浄化をするための、クラスターっていうのをくださいっ！」

ちっちゃいお客さんにいきなりそう言われたお店の人は、どう思ったでしょう。

無事にアメジストのクラスターを手に入れ、クラスターというのはいくつかのクリスタルの結晶が集まってできた群晶だということを、店員さんに教えてもらいました。

さらに「石いろいろつめ放題8ドル」というのもねだられて購入。またもやつめ放題……。

「石、一緒に選んであげるよ」と、巨大な箱の中をざらざらとかき回して、ちゅまと一緒に石を選んでくれたお店のおねーさん。どうやらおねーさんの選ぶ石もすごかったらしい。ちゅまが「これはなんて石?」「これは? こっちは?」と選ぶ石もみんなパワーの強そうなものだったので、そのうちお互いに気がついたらしく「ぬぬ……? おぬし、見えとるな?」「おねーさんも……だね?」というような(まあ、英語だからこんな言い方じゃなかっただろうけど)、ヒソヒソ話をしていたらしい。

こうして、近所にパワーストーン屋さんも見つけ、たびたび行くようになり、ちゅまのコレクションは増える一方。今では家族全員が巻き込まれて、家中が石だらけです。

オバオバ…
オバケ!
ちゅま
見えるの?
マジ!?
ギャーッ
イヤーッ
ドコー
ばんぶるの
そばには
犬と猫と
馬がいるよ
ももはーっ
わーい
オズオズ
お…
おかあさんの
そばには
なにがいる?
ん～っ
なんも
いないっ!!
キャキャ
ガッカリ
ハッ
大人って
フクザツ
ないのォ～っ

自分に似ている石を持つと？

人にはそれぞれ「似ている石」があるのだそう。

私は緑系の石。緑のジェイド（翡翠）やエメラルドなど。次女のももちゃんはローズクォーツ。三女ばんぶるはスモーキークォーツ。

そういえば以前、ばんぶるが石屋さんでエンジェルヘア入りのスモーキークォーツの球を握って離さなくなり、結局買わされたことがありました。その石を見たちゅまが、

「ひぇ〜、今まで見た石の中で一番ばんぶるに似てるぅ！」

と驚いていたので、ばんぶるも本能的にわかっているのかも。

ちゅま自身に似ている石は、「これとーこれとー」と、いくつもあるらしい。

それと、「おとうさんとおじいちゃんはふたりともソーダライトに似てるけど、おとうさんはこっちで、おじいちゃんはこっちの石」というように、同じ種類の石でも微妙な違いがあるよう。なにがどう違うのかはちゅま本人も説明できないので、その

信憑性のほどはわからないのですが。

ところで、自分に似ている石を身につけるとどうなるんでしょうか？

「うーん、携帯電話を充電しているみたいな感じ？」

石の持ち主の悪いものがどんどん石に吸い込まれていって、石の持つパワーがその人に充電されるみたいに入っていくのが見えるんだそう。

石って、いろんな作用がありそう。うーん、奥が深い！

グラウンド・ゼロで割れた石

大昔に、渋谷かどこかの道端で、細長い水晶が革ひもでしばってあるだけのネックレスを買ったことがありました。どこにしまったのかもすっかり忘れていたのだけれど、ちゅまがそれを見つけてきて「ちょうだい」とつけ始めました。ちょうどいろいろ見え始めた時期のこと。なにか必要性を感じたのかもしれません。

ちゅまはそのネックレスを、毎日、学校に行くときにもつけていたのですが、ある日「石が割れちゃったよー」と帰ってきました。見ると、上の端っこが欠けてしまっていました。

「なに、落としたの？」

「ううん、そうじゃなくて、なんか黒いものが出てる大人のそばを通ったら、ビキッて欠けちゃったの」

ちゅまのこの話を聞いて、昔、プロの占い師をしている友だちから、「お客さんのネガティブなエネルギーから自分を守るために、石が身代わりになってくれるのか、ネックレスの石が割れたりすることがある」と聞いたことを思い出しました。

そうかぁ。その水晶はきっと、ちゅまを守ってくれたんだね。

欠けてしまっても「この石はかなり強いパワーを保ってるから、まだ大丈夫」と、ちゅまはその後も毎日つけていました。


しかし先日、修学旅行で東海岸に出かけたとき、今度は石にひびが入ってしまいました。まず有名な教会で一度、ベンジャミン・フランクリンのお墓がある墓地で一度。

「あと一回ピキッていったら、やばいかもー」

と切羽つまった様子で旅先から電話をよこしていたのですが、私にはひとつ、気がかりなことがありました。ニューヨークでは「グラウンド・ゼロ」に行くことが予定されていたのです。

ニューヨークでテロが起こった二〇〇一年、ちゅまは6歳でした。そこでなにがあったのか知識としては知っているだろうけれど、体験としては覚えていないはず。小学生たちはみんな、どんな気持ちで行くんだろう？　ちゅまが行ったらなにを感じるんだろう？　と、出発前からちょっと心配でした。

で、やっぱり、グラウンド・ゼロで石は割れてしまいました。ちゅまはもともと怖いものはあんまり見えないので、石が割れただけで済んだようだったけれど、ちゅまと同じようにいろんなものが見えるという同級生のペリちゃんは、違ったらしい。事前になにかを察知したのか、「トイレー」と言ってどこかへ消え去り、見学には参加しなかったんだそう。

修学旅行から帰ってきてしばらくすると、そのネックレスはどこかへ消えてしまいました。だらしないちゅまのこと、どこかへ置き忘れたんだろうと思っていましたが、あるサイトで「役目を終えた石は割れたり、消えたりすることがある」と知って納得。ちゅまを守るという役目を終えたのかもね。石さん、ありがとう。

俺
石屋はじめて
私も
くらすたぁ
ください
ねぇ
この辺ってさ
虫多いのに
この店だけ
虫が来ないね
きっと
ストーンパワー
ってやつだよ
石
スゲーッ
虫除けに
買ってくかっ!
各室に
おくのか～
値段みろよ～
石マン登場!!
娘に
悪い虫は
つかせない!
つく
づく
スピとは
縁のない
男だ…

小学生のくせにニューヨークでデートしただとぉ？

小学生のくせに（？）ちゅまにはカレシがいる。彼の名前はコナーくん。小学校に入ったときからずっと一緒。クラスも一緒。席もいつもいつも隣り。行事でグループ分けをしても必ず一緒。先生がたまには引き離そうとくじ引きをしたって、やっぱり一緒。別に約束してなくてもお出かけ先で会っちゃうし、示し合わせなくても行き先には同時に着く。学校のみんなはふたりのことを「Longest Couple Ever」と呼んでいる。今度の秋には飛び級で中学に入るんだけれど、遠くの中学にすごい倍率の抽選で入ったのに、またまた一緒に。

小学生の頃の恋ってお互いに照れちゃって、知らんぷりしたり、わざと意地悪したり、周りもからかったりっていうレベルなのかと思ってたんだけど、最近の子はおませなのか、ここがアメリカだからなのか、このふたりってまるで熟年夫婦みたい。

ただそばにいて別々の本を読んでいたり、一緒に花壇の草取りをしたり。私はそういうことについてあまり詳しくないけれど、もしかしたらふたりは「ソウルメイト」

とかいうやつなのかもしれない。オーラはふたりともブルーだそうだし、ホント、似たもの同士。

　コナーくんは「見える人」じゃないんだけれど、ちゅまが「見える人」であることを知っていて、人一倍見えない世界に関心があり、ネットや本でいろいろ調べては教えてくれるちゅまの大切な情報源。熱心な石コレクターでもあり、風水にも詳しい。

　ふたりは修学旅行で、ある課題に取り組みました。修学旅行とは「勉強するための旅行」だから、行った先々でいろいろな課題が与えられます。ニューヨークに行った日の課題は、パートナーとふたりで街を歩き回って、店を一軒選んでインタビューする、というもの。ペアの組み合わせはくじ引きで決めたんだけど、当然のようにちゅまのパートナーはコナーくんに。

　さっそくチャイナタウンを歩き回って風水専門店を見つけたふたり。店主に「どうしてこの場所を店として選んだんですか？」などなど、気になることをあれこれインタビュー。質問を一通り終えた頃、風水にあんまり詳しくないはずのちゅまだけれど、店内の気の流れの悪いところがなにかで修正されている、ということに気がついたんだそう。

「ねぇねぇ、あそこ、部屋の形で悪くなってる気の流れをあの道具で修正してるでしょ？」

「どうしてわかったの？」

と店主。

「見えるから」

「だと思った」

……見える人は見える人同士、わかるのね。

課題を終えたちゅまとコナーくんは、有名なチョコレート屋さんでチョコを買って半分こしたり、ニューヨークの街を楽しくお散歩した、とのこと。

私だって、まだニューヨークには行ってないのにぃ。

おいしい食品はオーラが違う
スーパーでの食材選びにオーラは大活躍
広告によくある使用前、使用後のモデルはオーラを見るとホントに別人だったりする
前
後
オーラが別人
オーラはいろんなものを見分けるのにとても便利
石マン登場!!
アレ知らない人だよね？
石
オーラよく見てー
どう見てもおとうさん本人です

生まれついてのヒーリング能力

ちゅまはヒーリングなんて言葉を知らないうちから、なんとなく自己流でヒーリングができる子でした。たとえばおとうさんの肩こりを治したり、私の頭痛を治したり、自分のケガや病気を早く治したり。

でも聞けば、最初はうまくコントロールできなかったよう。

友だちが転んで膝小僧を擦りむいてしまったときに、「痛そーっ！」と無意識のうちに傷口にひょいと手を伸ばしたら、「あれ？　なにしたの？　痛くなくなったよ」と友だちは笑顔に。でもそのとき、手のひらから「ひゅるるん」ってちゅまのエネルギーが吸われて（？）しまい、代わりに自分が激疲れになっちゃった……なんてことがあったらしい。

そうならないためには、「エネルギーをフルにしてから、そーっと手を伸ばして、少しずつやればいいんだ」と自分で発見して、それ以降は激疲れになることはなくなったらしいけれど――私にはさっぱり意味不明……。

ぐすっ
おかあさん頭いたいよぉ
多少霊感があっても
ちゅまはまだ10歳児
母がしっかり守ってやらねば
えぐ
えぐ
頭のオーラが灰色になってもやもやしてね
第四チャクラがくすんでキューッてして
母には見えんて

人のオーラの大きさと濃さ

オーラが見えるという方から、ちゅまのオーラは3メートルくらいの大きさだと教えてもらいました。3メートルというのはけっこう大きい方らしい。そのオーラ、ちゅまにはどう見えているんだろう？　と思い、いろいろ聞いてみることにしました。

オーラには、大きくても薄い人、そんなに大きくなくても濃い人、というように、大きさだけじゃなくて、濃度にも違いがあるそうです。

ちゅまの合気道&ヨガ教室の先生や、ちゅまが最近見つけたお気に入りのスピリチュアル系ショップの店員さんなんかは、オーラの大きさは小さいけれどとても濃いらしい。ヨガの先生のオーラは、普段はたいして大きくないのに、ヨガをしていると大きくなったり、小さくなったり、形を変えたり、それはもう「言葉じゃ説明できないようなすごい複雑な状態」になっちゃうんだそう。ということは、先生やショップの店員さんたちは、普段はオーラを縮めてるってこと？

オーラがデカいと、その範囲内に嫌な感じのするものが入ってきたときに、とっても気持ちが悪いんだそう。それを避けるために、最近になってちゅまは、オーラの大きさを自分の身体ギリギリまで縮められるようになったらしい。その方法を身につけるのに役立ったのは、演劇の授業なんだとか。私にはなぜだかわかりませんが。

我が家の2歳児ばんぶるのオーラは、伸びたり縮んだりするらしく、興奮して遊んでいるときは広さ三十畳くらい、高さ4メートルくらいの部屋いっぱいに伸びるらしい。さらに頭の上には「オーラのジョウゴ」がついているそう……。ちゅまは台所からジョウゴを持ってきて、「ホントにこれとおんなじー」と笑っていました。

ちゅまが読んでいたオーラの本の中に、人の頭の上にジョウゴのようなものが描いてある「Normal Aura（普通のオーラ）」という図解がありました。でもこのジョウゴが、ほかの人の頭の上に見えたことはまだないそう。

で、気になる私のオーラはというと……？

「おかあさんのは緑色なんだけど、薄くて、小さくて、ほとんどあるかないか」

とほほ……。

家にもオーラ

ちゅまと次女のももちゃんを連れて近所のコーヒー屋へ。

それぞれお好みの飲み物を飲みながら、そこらに置いてあったちょっとおしゃれな高級不動産情報誌をパラパラと三人でめくっていました。するとちゅま、家にもオーラがあって人とのマッチングができる、ということを発見。

「ふーん、この家のオーラはおかあさんに似てるよ？　この家、好き？」

そう言ってちゅまが指差す家の写真を見てびっくり！　先日インテリア雑誌を見ていたとき、「おー、こういうのいいなぁ」と思った家に構造も雰囲気もよく似ている。

さらにページをめくりながら、どの家が誰のオーラに似ているのか話し始めました。

「これはねー、ももちゃんに似てる」

「えー？　うんうん、好きかもー」

とうれしそうにうなずくももちゃん。大きいけれど、三角屋根の「おうち」って感じの家で、かわいらしい。おとうさんに似てるのは庭が広くて部屋数の多い、最近よくある感じの二階建て。壮大な山々が広がっていて、眺めもとってもよさそうだった。

ふーん、家にもオーラってあるんだ、と感心していると、

「家のオーラに似合う色っていうのもあってさ、塗り直した家なんか、その家のオーラと色とが合ってなかったりすることもあるよ？」

とちゅま。

へぇぇぇぇ！

自分のオーラに合った家に住むと、やっぱり気持ちがいいんだろうか？

家のオーラが見えるんだったら、「あなたのオーラに合った家をご紹介します」っていうスピリチュアル系不動産屋とか、「あなたの家のオーラに合った色に塗ります」っていうスピリチュアル系塗装業者っていうのも、あり得るんじゃない!?

「で、あたしはこれだな」

と、ちゅまがニコニコして選んだのは、殺風景でなんの変哲もなくて、見ていた不動産情報誌の中でも安くて貧乏くさーい家。芝生もはげはげでエリアも最悪。ちゅま、あんたいったいどんなオーラしてんのよっ!? うーん、なんだかよくわからない……。

ちゅまの1分間スピリチュアル講座

なんにも見えない母を鍛えようというのか、ちゅまが寝る前に石を持ってやって来て、片手に石を握り、突然始めました。

「私と両手をつないで。今からエネルギーを回してみてね。まずは時計回り。はい、反対」

おおっ。石を持ってる方の手が気のせい？　ってくらい微妙だけれど、ピリピリッとする。

「流れてる？」

「ちゃんと流れてるよ」

また数日すると、今度は、

「今、この石が一番強い時刻だから持ってごらん」

おおおおっ。今度は前のときよりもはっきりピリピリしてる。

「この石はね、夜9時が一番強いんだよ。んで、こっちは夜10時くらい。石には『パ

ワーの強い時間』っていうのがそれぞれあるんだよー

と。ホントかい？

「はい次。これはどんな感じ？」

とちゅまが持ってきたのは、なんかでっかい石。

「えーと、重い？」

「……あたりまえじゃん。でっかいんだから」

「じゃあ、なんにも感じません……」

「……そうですか。……今日はおしまい」

ふぅ。スピリチュアルな世界への道のりは果てしなく遠そうだなぁー。

おかあさんにも見えてるじゃん

私自身はまったくなんにも「見えない人」。なぜか昔から霊感の強い人が周りに何人もいたのですが、「じぇいど♪のオーラ？　……ない」とか、ほかの人が触るとぱぁーっと光るという水晶球に私が触っても、「いや、なにも起きてない」とか……。

ところが先日、ある音楽教室の発表会に行ったときのこと。

発表会の会場は近所の教会でした。アメリカのごく普通のこぢんまりとした教会で、祭壇のところにステージが作られ、子どもたちがピアノを弾いたり、歌を歌ったり、というものでした。しかし、長い長い発表会。しかも子どもの演奏ですから、とりわけ素晴らしいわけでもなく、だんだん飽きてきて、ぼーっと発表者の顔を見ていたのです。

すると、発表している子の頭の周りに光がぼわーっと。「あー、残像ねー。オーラってこんな感じなのかなー」となんとなく思いながら見ていました。

そのうちもっと眠くなってくると、今度は人の後ろにチラチラと光が。「ちゅまが言う『なんかいる』状態って、こんな感じに見えるのかなー」と想像してみたり。

ふとステージの隅に目を移すと、ん？　なんとなく光ってる残像が。黄緑の蛍光色で、人の上半身の形……？　目の錯覚だよ……ね……。

家に帰ってから、別の席で発表会を見ていたちゅまに、

「今日、なんかいた？　あの発表者の後ろでしょ、それからステージの隅っこ」

と聞くと、

「なーんだ、おかあさん、ちゃんと見えてるじゃん」

その日撮った集合写真には、しっかりとでっかいオーブが写っていました。

ああああ。私にも見えちゃってるのかぁ⁉

Column 1

オーラのトリビア

ちゅまの作ったオーラのトリビア。ちゅまにはこんな風に見えるそうで。

●眠いときに出ているオーラは重くてつまっている感じ。

●コットンのシャツには着ていた人のオーラが残るが、ポリエステルのシャツにはあんまり残っていない。

●バスタオルにはオーラが残りやすい。洗濯しても落ちない。

●赤ちゃんの愛用の毛布、愛用のぬいぐるみなどは、使うのをやめても何年もオーラが残っている。そういうぬいぐるみにはパワーアニマルが憑依できない。

●虫が死ぬときは、ひゅ〜っとオーラが縮まって消えてしまう。

●先生のオーラには特有の "先生の印" がついている。多くの先生にあるが、子どもでもこの印を持っている子がいて、そういう子はたいていリーダータイプの子である。

●風邪を引いている人の頭の上には灰色のもやもやが立ち上っている。

●考えている人の頭の上では、オーラが精米機の中の米のような動きをする。回りながら中心に向かって下に下がっていき、回りながらまた上に上がってくるみたいに見える。

●クレヨンのオーラはクレヨンの色と同じ色で、紙の上に残るときもあるが、メーカーによって違う。安物にはあまりオーラがない。

●寝てる人は中身が下にずれていて、ベッドや布団にめり込んでる。

●本にもオーラがあって、人気があってよい本ほどオーラもよい。人気と関係なく、ホラーもの、殺人事件ものは黒くなりやすい。読んだ人のオーラが移って黒くなった場合は浄化で取れるけど、本自体のオーラが黒いのは取れない。図書館で人気の本は、読者のオーラがミックスされて大きくなる。新しい本には本自体のオーラがあって、著者のオーラも入っている。

第２章

「見えない動物さん」たち
との不思議な生活

ドラゴンの卵!?

ちゅまのそばには狼のほかに、二匹の見えない動物さんがいるそう。一匹は公園からついてきた鷹のような鳥で、もう一匹は友だちにもらった「あるモノ」。

「あるモノ」をくれたのは、ちゅまの友だちのひとりで、「見える」ペリちゃん。ペリちゃんはファンタジー系の小説がとにかく大好き。そのせいなのかなんなのか、ペリちゃんといつも一緒にいる見えない動物さんは、ユニコーンとドラゴンらしい。

おもしろいことに、ちゅまにはペリちゃんのユニコーンとドラゴンが見えるけれど、ペリちゃんには、ちゅまの狼は「火の玉」にしか見えないのだそう。

「お互いの波動が微妙に違うからかな?」

「ちゅまの方が、チャンネルの範囲が少し広いのかね」

なんて、ふたりで話しています。

ちなみに、ペリちゃんのお母さんは見えない&信じてない人なので「もう勝手にしなさい」という態度でいるよう。ま、普通はそうだわな。ペリちゃんはいつもパワーストーンを持ち歩いているのだけれど、それも自分のお小遣いで一生懸命買ったものなのだとか。うーん、健気。

で、ある日、ペリちゃんのドラゴンが、ちゅまの狼に卵をくれたのだと……マジっすか⁉

狼はちゅまが学校に行っている間は校内の木の下で寝てたりするんだけれど、ちゃんとお腹の下に卵を入れて温めているんだそうで。

……いやぁー、もしもし？　お嬢さんたち。それって、『ハリー・ポッター』の読みすぎじゃないの？　あったよね、ドラゴンの卵が孵化するシーン……。

ちゅまからこの卵の話を聞いたとき、私も半信半疑っていうか「全疑」に近くて、こりゃ、いくらなんでもありえねー、なんて思っていました。ところが数日後、さらにありえないことが起こりました。

そう、ドラゴンの卵が孵化しちゃったんです。

赤ちゃんドラゴンの大きさはリスぐらいで、種類は「ヨーロピアン・ストーンドラゴン」とのこと。ちゅま、なぜそんなことがわかるのかい？

ドラゴンの赤ちゃんは、普段はちゅまのベッドや外の木の周り、布でできたおもちゃの切り株の穴の中で寝ていることが多いらしい。でもそのうち、火をふいたり、巨大になっちゃったり⁉ なんて考えると、ちょっと怖いかも。


私の肩の上をジーっと見て、ニコニコしていたちゅま。

「なに？」

「ドラゴンがおかあさんの肩に乗ってる」

ひゃー、そうなのか。なついてくれてるの？ 見えたらさぞかしかわいいだろうになぁ。

って、なに言ってるんでしょう、私も……？

子ども時代に見えない友人と遊んでたって話結構聞くわよねわりと定番？
うんうん
思春期には見えなくなったり
霊感のある人も珍しくないし私の知り合いにも何人かいるじゃん！
パァァ
よくある個性かもー
あるある
ちゅまーなにしてんのぉ
聞きたい？

龍の珠（？）をもらったちゅま

学校からの帰り道、迎えの車の中で「そうだ、今日すっごいことがあったのよ」とポケットから石を取り出したちゅま。

学校の休み時間で誰も周りにいなかったときに、孵化して以来いつもちゅまにくっついている見えないドラゴンの子ども、ちびドラちゃんと話をしていたんだそうです。ちびドラちゃんが、「この石って、僕が入っていた卵に似てると思わない？」と持っていた石をちゅまに渡したのだそう。すると、ちびドラちゃんの手の中では実体がなかった石が、ちゅまの手に渡った瞬間に実体化しちゃったんだと‼

「いやー、またまたぁ」

「本当なんだってば」

「え～っ？　またまたまたぁ」

「だからー、ほんっとうなんだって。あたしだって、ちょっとドキッとしたんだから」

家に帰ると、ちゅまはその石を宝物入れの中に。でも中には、ほかの石や友だちからのメモ、ちびた鉛筆やなにかのオマケのおもちゃなんかが……。そんなありがたそうな石なのに、一緒くたにしちゃっていいのか？

まぁ、どう見ても普通の石です。たぶん校庭で拾っただけなんでしょう。ちゅまの妄想もついにここまできたのか⁉　真偽のほどはあたしゃもう知りませんってば……。

成長するちびドラちゃん

ちびドラちゃんから石をもらった翌日、ちゅまがこんなことを言いました。

「ちびドラちゃんが『火がふけるようになったから、そのことも日記に書いて〜♪』って、おかあさんのパソコンの隣で画面をのぞきながら主張しているよ」

……ええぃ、もうアヤシさ120％だけど、書いてしまいます！


生まれてから一カ月、火がふけるようになってうれしいちびドラちゃん。もちろんそのへんの物体は燃えたりしませんが、いたずらしてて、ちゅまの狼のしっぽが焦げちゃったりもするんだとか。

ちびドラちゃんの大きさは、最初はリスくらいでとてもちいちゃかったけれど、今では立ち上がると40センチくらい。確実に大きくなってます。


うちの近所に占いの店があります。入ったことはないのですが、いつも車で前を通るので、ちゅまも私も「どんな人がやってるんだろうね？」と興味津々。先日店の前を通ったときは気持ちのよい風が吹く日で、ドアと窓を開けっ放しで換気していました。

「おお、開いてるねぇ。なんか見える？」

と私が聞くと、ちゅまはじーっと目を凝らすけれど見えない。

すると突然、

「ああー。ちびドラが中に入っちゃったよー。ほら、行っちゃうよー！」

と車から必死にドラゴンを呼び戻すちゅま。ちびドラちゃんが戻ってきたところで、

「どうだったって？」

と聞くと、

「『仲間がいっぱいいたー♪』だって」

とちゅま。おお、ちゃんと中の様子を見に行ってくれたんじゃないですか。

あっちこっちのサイトで読んだにわか知識ですが、霊能者には龍の力を借りている人も多く、昔は龍使いをしている「龍族」という一族がいたそうな。

うちのちびドラちゃんとちゅまも、なんか龍と龍使いみたいじゃない？

気？のボールで投げっこ

よく犬にボールを投げて「取ってこい！」なんて遊んだりするけれど、我が家では「見えないボール」が飛びかっています。

ちゅまは「手でこーやって大きいのとか、こうやると小さいのとかが作れるんだ」と実演してくれたり、私の手に乗せてくれたりするけれど——さっぱりわからん。

試しにちゅまが、近くにいたばんぶるに「取ってこーい」と投げてみた。最初は無反応だったけれど、しばらく続けていると見え始めたのか、それともそういう遊びだと理解したのか、ボールを取りに行ったり、「あー、行っちゃった」と目で追ったりして、ニッコニコに。

しかし、普段からボール投げがへたくそな2歳児は、「実物」のボールと同じように、見えない「気」のボールだって落っことしてしまう。ソファの上でキャッチしそこねたボールがクッションの間に挟まると、「落ちちゃったねー」とクッションを持ち上げて隙間に手を突っ込み、「あったぁー」とつかみ出す。

ははは、本当にあるみたいだよぉ、なんて思っていると、

「いや、ホントにつかみ出したんだよ」

とちゅま。

投げるのを止めて、今度はちゅまが作ったボールをそーっとばんぶるの手のひらに乗せてみた。それをちゃんと受け取るばんぶる。

「色は?」

「あお!」

「うん、ホントに青いのを渡したんだよ」

ふたりがそんなやりとりをしていたところへ、

「ねー、なにやってんの」

と二女のももちゃんが合流。ちゅまがやさしく、

「両方の手でね、こうやって包み込むようにしてボールを作ってごらん」

と教えてあげると、見よう見まねでやってみる。

「わあ、ももちゃんだと黄色いのができた」

とちゅま。ももちゃんは見えないけれどご機嫌に。もう一回やると、

「……できてないよ」

「こんどのは？」

「あはは、四角いよ、それ」

とか、みんなとっても楽しそう。

「おかあさんもやってー」

と言われて私も挑戦。ちゅまに言われるままに、両方の手のひらを内側に向けて、ボールが入るくらいに間を離して、間に「気」が流れていることをイメージして……。

「なんにもできてないよ……」

うーん、なにが違うんだろう？　でも何回か繰り返すうちに、

「あ、緑のができた！」

とのこと。……できたときとできないときの違いがさっぱりわかりません。

こねこねして
気の
ボールを作る
すんごい
グチャグチャ
あはは
むずかしーな
見えないし
形はヘンでも
味は最高
ママの
手作りおやつ
大好き♡
ぶーっ
ポィ

満月のお月見

夏の満月の夜、ももちゃんとちゅまと私の三人で、ベッドで眠っているばんぶるを起こさないように庭に出て、お月見をしました。

「きれいだねぇ」「明るいねぇ」「うさぎさんに見える」「おじさんの顔に見える」「宇宙飛行士が見えるよ！」などなど、ごく普通の親子らしい会話が交わされる一方、ちゅまの狼さんは屋根の上、ちびドラちゃんは空を飛び回ってお月見をしていたそう。

月まで飛んでいく、と言うちびドラちゃんに、

「おーい、月は遠いんだよー。月までは飛んでいけないんだよー」

と教えるちゅま。

「狼は『わおーん』って月に向かって遠吠えしないの？」

と私が聞くと、

「そんなことはしません！」

だってさ。

せっかくの満月だからと、ちゅまはお気に入りのムーンストーンのネックレスを浄化。月の光に当てると、ばんぶるの頭の上についているオーラのジョウゴのちっちゃい版みたいなものが石にもできて、月のパワーを吸っている、とのことでした。

その晩の夜中に出かけた狼さんとちびドラちゃん、翌日の昼になっても帰ってきませんでした。ちゅまに聞くと、ちびドラは炎天下の中、上空に昇っていってはアッチイアッチイと降りてきて……を延々と繰り返して遊んでいるとか。ドラゴンも人間も、小さい子のやることは似たようなものなんだろうか。

狼さんはというと、満月のたびにいつもどこかに出かけていって帰ってこないそうで、このときも翌日夕方になってもまだ外出中。満月の定例集会でもあるんでしょうか？

月まで行ったちゅまとちびドラちゃん

お月見をしてから、どうしても月に行きたくなったちびドラちゃん。とうとうちゅまと一緒に行ってきたんだそう……？

「宇宙」には、ちゅまひとりでは行けなくて、ちびドラちゃんだけでも行けなくて、ふたりが一緒だと行けるらしい。「仲良しコンビ、力を合わせて」ってところでしょうか。

「おやすみなさーい」と、ももちゃんと一緒にベッドルームに入ってすぐ、大人がまだ起きている時間に、ちゅまとちびドラちゃんは堂々とトリップ。

まずは月を縦にぐるっと探検。写真で見るのとはちょっと違う感じの風景で、もっと細かいクレーターがいっぱいあった、とのこと。よそ見をしてたらクレーターに蹴つまずいて転んだり、「宇宙飛行士が立てたっていう旗なんか、なかったよ」と。月だって大きいんだし、グルッと回ったくらいじゃ見つからないでしょう……。

次に、縦のルート？ を外れて、オーラの違うエリアに行こうとすると、ガツンとバリアのようなものにぶつかって行かれない。ちびドラちゃんは入れたけれど、ちゅまはその先には行けなかったんだとか。

「宇宙から見たら地球は汚れてたよ。オーラも変で、ちょっとズレてた」

とのこと。

そうしてようやく「地上」に戻ってきて自分の体に入る瞬間、寝ぼけた狼に蹴られたせいで意識体（？）と体がズレちゃって、ガクンっとなったんだそう。体がベッドではなく床の上に寝ていたらしく、家具に頭をぶつけてしまい、アイタタタッとなったんだとか。

私が見たのは「頭ぶつけちゃったー、寝られないー」とベッドルームから出てきたちゅま。就寝時間を過ぎても台所をうろうろしているちゅまは、いつも「寝なさいっ！ 何時だと思ってる！」と私に怒られるんですが、なるほど、いつまでも寝ないときって、月に行ったりして遊んでたのか……。ひょえ～……。

岩山とお話できるちゅま

夏休みにヨセミテ国立公園に行くことになり、いろんなサイトを見て下調べをしていたときのこと。

「へー、『El Capitan』っていう山というか岩壁は、世界最大の一枚岩なんだってー」

などと言いながら、どんなものなのか確認しようと写真を検索していました。写真画像が表示されるのを待っているとき、私が、

「行ったら、『El Capitan』とお話できるかねぇ」

とぽろっと言うと、ちゅまは1、2秒うつむいてから言いました。

「……痛いって」

「なに？」

「……痛いってさ。登られて」

「誰が？」

「だから、『El Capitan』が」

どうやら一瞬で、写真すら見たことがない岩山とつながってしまったようです。

さて、いよいよ当日。公園に入って絶景ポイントで車を停めて、まずは「El Capitan」にご挨拶。

「『あー、ホントに来たんだー』って言ってるよ」

「あとはなんて言ってる?」

「『もう寝る』って」

——あのぉ、まだ午前中なんですけど。お年寄りなのか?

「El Capitan」のオーラはかなりでかくて、半径1キロくらいはありそうだとか。

以前、ちゅまがニューヨークに持っていって、グラウンド・ゼロでちゅまを守ってくれた後、パワーもなくなってどこかへ姿を消していた水晶。最近また見つかったので、ちゅまはそれを公園に持ってきていました。

石を持ったまま、黙って「El Capitan」を見つめていたちゅま。しばらくして、

「よし。フルになったよ」

と。どうやら、「El Capitan」にお願いしてパワーを分けてもらい、「El Capitan」の

パワー入り水晶ができあがったようです。

公園内のお土産屋さんをのぞいてみると、石売り場発見！

「こんなところまできて石買わなくてもいいでしょ。早く出ようよ」

とおとうさんに急かされながらも、ちゅまとももちゃんと私はそれぞれ、あーでもない、こーでもないと物色。ももちゃんはかわいい色のスライスされた薄いアゲート、私はアメジストのクラスター、ちゅまは狼さんにねだられて、狼が彫ってあるタンブルをひとつ買いました。

買い物を済ませた後、ちゅまはクラスターを手のひらに乗せて散歩。なんかあやしい人だよねぇ〜、なんて思いましたが、でもおかげでクラスターは、いい空気、ならぬ「いい気」をいっぱい吸ったらしい。ヨセミテは観光化されたといっても、やっぱりよい気に溢れたところらしく、いい「プラーナ」が——最近ちゅまは空から降ってくる「気」みたいなものをこう呼んでいます——すごくたくさん降ってくるんだそう。

家に帰ってきたらちゅまが、

「おかあさんのオーラ、濃い緑色になってるー」

と教えてくれました。家族みんなのオーラも、ヨセミテのよい気を取り込んで力が強くなり、キレイになっているみたい。自然いっぱいの中で過ごすって、きっと人間にとってとても大事なことなんですね。


後日、ヨセミテ国立公園で撮った写真をみんなで見ていたときのこと。公園のバレーエリアにある有名な教会を撮った一枚を見て、

「この写真には、よい気っていうか、プラーナがたくさん降っているのが写ってるんだ」

とちゅまは主張。おかあさんにはまったく見えません……。

見えない猫のあずきちゃん

夏休みが終わりに近づいた頃、日本からおじいちゃんが遊びに来てくれました。これまでも何度か孫に会いに来てくれていますが、今回はなんと、おじいちゃんにくっついて「あずきちゃん」も来てくれたらしい。

「あずきちゃん」というのは、私とおとうさんが飼っていた猫のこと。子猫のときから育てたとってもきれいな黒猫で、ちゅまが生まれる頃に、日本のおじいちゃんとおばあちゃんの家で、病気で亡くなってしまいました。

私にくっついてるキツネがちゅまに、「この猫、どこかから来た」と紹介してくれたんだそうですが、いったいどこから来たのかはわからない。でも、おかあさんの膝の上に乗ってゴロゴロしている。もしかしてこれがあずきちゃん？　と、私から黒猫の話を聞いたことがあったのをちゅまが思い出し、

「おかあさん、昔、黒猫を飼ってたって言ってたよねー」

と聞いてくれたことで、あずきちゃんの来訪が発覚したのでした。

ちゅまの通訳を介して、あずきちゃんと話してみました。

「赤ちゃんの頃、化粧のパフで遊ぶのが好きだったよねー」

「それ、覚えてるってー」

「机に向かってると、膝の上でゴーロゴーロいったり、遊んでほしいときはパソコンの上に乗っかって」

「やってるよ、いま」

「で、定位置はテーブルの下に入れた椅子の上だったよね」

「あー、そこに入ってる。……出ようとして頭ぶつけた」

そうそう。ホントにそうやってよく頭ぶつけてたよね。んふふ。やっぱりあずきちゃんだぁ。実体があったときも直接会話はできなかったのにね。しかも、このままうちに引っ越してくるって！　なんだかとってもうれしい出来事でした。

ぬいぐるみに憑依？

我が家の見えない動物さんたちの最近の流行は、「ぬいぐるみに憑依」すること。狼さんやドラゴンは、以前はちゅまのベッドの下や上で寝ていたけれど、寝相の悪いちゅまに踏まれたり、乗っかられたり、殴られたり……。そのうちに誰かが、「安眠するにはぬいぐるみの中に入ればいいんだ！　抱っこもしてもらえるし♪」と気づいたようで、今ではぬいぐるみの奪い合いが起こっているらしい。

激しい争奪戦の末、狼さんはイルカ、ドラゴンはひつじのぬいぐるみの中に。一歩出遅れた鷹は、選ぶぬいぐるみを片っ端からばんぶるに取られちゃって、結局やっと見つけたのは、私が昔作ったリボンを首に巻いたヨレヨレの黄色いアヒル。ばんぶるのお気に入りのぬいぐるみには特別なバリアが張ってあったり、すでになにか「謎のもの」が入っていたりして、使えないのだそう。そして、ももちゃんの虫・スカラベはサルのぬいぐるみの中。

みんな、本体はきっともっと神々しいっていうか、猛々しい姿なんだろうけど、なんだかとってもかわいらしい姿に。

でも、いつも決まったぬいぐるみに入っているとは限らないんだそう。お互いで交換こしたり、留守の間に誰かに入られちゃったり。

中でも人気なのは、ライオンのぬいぐるみ。いつも「中身」が違うから、ちゅまに『おやすみのハグして』だってー」とライオンを渡されても、「これ、誰?」状態。

私のキツネさんは、キツネのマスコットに入ってみたり、プラスチックのマッサージャーの中(!)にいたりするそう。でもさすがに私はぬいぐるみを持って歩く年齢じゃないですから、落ち着き場所がなかなか決まらなくてかわいそう……とのこと。「それなら石とかペンダントとかに入ればいいじゃない、持って歩けるし」と思ったんだけれど、サイズには限界があって、あんまり小さいものには入りにくいんだそう。だからぬいぐるみって、ちょうどいいサイズらしい。ふぅーん、そういうもんなんでしょうか?

子どもたちそれぞれがぬいぐるみを抱っこしてる姿は、子どもだなぁ、と微笑ましいんですが、中に入っているのは狼だ、ドラゴンだって思って見ると、なんだか妙な光景……?

お母さんに会いに行ったちびドラちゃん

ちゅまと仲良しのちびドラちゃん。今では体高60センチくらいに育ち、火をふいたり、ちゅまと宇宙旅行をしたりと、立派な若ドラゴンになりました。ちびドラちゃんは卵のときに、ちゅまの友だちのペリちゃんのドラゴンからもらったので、当然お母さんはペリちゃんちのドラゴン。先日ちびドラちゃんは、お母さんに会いに行ったそうです。ちびドラちゃんは青色だけれど、お母さんは緑色で、体高は2メートル30センチくらい。

そこでお母さんに教えてもらったこと。

ちゅまは昔ドラゴンで、ちびドラちゃんのお母さんと友だちだったんだと。

はぁ？「生まれ変わり」というか「転生」とかがあるのはまぁ、私だってここまできたら一応信じることにしましょう。でも、転生するにしても、人間の前世がドラゴン？

ますます疑問だらけになってしまいましたよ……。

どど――ん
おおっ これが ドラゴンの卵
――に 似てる石
ちょっと おかあさんに 貸してねぇ～
いいけど
温めても 孵化しないから
石だし
ギクッ

見えない動物には見えない食べ物

見えない動物さんたちは、なにを食べているんでしょうか？　前々から疑問だったので、ちゅまに聞いてみました。

人間が食べる普通の食べ物の「気」や、ちゅまが作る「気のボール」を食べたりもするけれど、ほかにも、実は「見えない食べ物」っていうのを食べているらしいのです。

ちゅまの狼さんは時々、「見えないステーキ」を食べているんですすと。

「どうしたの？　それ」

とちゅまが聞くと、

「もらったの。どこでもらってるかは内緒。口止めされてるから」

と狼さん。時々そこに行っては食べさせてもらってるらしいですが、いったい誰がくれてるんでしょう？　ちゅまにはどうがんばっても「見えないステーキ」なんて作れないらしいので、相当なテクニックを持つツワモノが近所にいるんでしょう……。

ちびドラ
0・2歳
ガオ～～
体長60cm
火をふけるようになりました
この間はちゅまちゃんをお供に連れて月まで行ったし
もう立派な大人です
今まで
今まではハグしてもらえないと眠れなかったけど
これから
これからはボクがハグする役です
エッヘン
同じじゃん

迷子のペガサス

我が家には、狼、鷹、馬、犬、猫、キツネなどなど、普通に存在する動物系の「見えない動物」はたくさんいるのですが、いわゆる想像上の生物とされるものは、ドラゴンの子ども、ちびドラちゃんだけでした。

でもちゅまによれば、ほかの人が連れている「見えない動物」には、ペガサスだのユニコーンだの、幻想動物図鑑やファンタジー小説でしか知らないような生物も結構いるんだそう。

そうした「見えない動物」には、人にくっついて歩いて守ってくれるものもいれば、場所についていると思われるもの、その辺をただウロウロしているものなど、いろんなのがいるそうです。

ある日のこと、ちびドラちゃんが「近所に迷子のペガサスがいる」と言い出しました。食べ物が手に入らないらしくて、痩せてガリガリ。近所のスーパーに入ってなにか食べようとしたら、どうも「見える人」がいたらしく、追い払われてしまったんだとか。なぜほかのところに行こうとしないのか、なんで一匹だけ街中にいたのか、よくわかりません。でも、放っておくのはかわいそう。

「うちに連れてきて、ご飯食べさせてあげてもいいよ」

と言うと、後日、ちびドラちゃんがペガサスをうちに連れてきました。

最初は台所の隅っこに遠慮がちに立っていたらしいのですが、我が家の動物さんたちが自分のお昼ごはんを「食べる？」って分けてあげたら、ようやくみんなに混じって食べ始めたとのこと。

「行くところがないんだったら、うちにいてもいいよ」

とちゅまが声をかけ、ちゅまの見えない動物仲間に加わることになったそうです。

ちゅまの学校に一緒に登校したときは、ほかにもペガサスや馬がたくさんいるのでお友だちができて、校庭でかけっこなどをして楽しんでいたとか。

でも、まだ子どものペガサスちゃん。やっぱりお父さん、お母さんのところに帰してあげた方がいいんじゃないだろうか……。

「ペガサスに、お父さんとお母さんってどうしたの？　帰らなくていいの？　って聞いてみて」

とちゅまにお願いすると、

「お父さんとお母さんは死んじゃったんだって……」

……そうですか……しんみり。

見えない動物さんたちにも、「死ぬ」とかそういうことがあるんですかね。

ねーちゅま
おかあさんにも
できたんだよね
パワーアニマル
いるよ
小さいキツネさん
いま机の下だよ
よしよし♪
いつも
ありがとね
ちょいちょい
それは
あたしの
オオカミさん
ここか？
ハグしよっ
かもーん
ぎっしり
それは
ちびドラちゃん

ちびドラちゃんの妹

ちびドラちゃんに妹ができました。生後一カ月ぐらいで、背の高さは25センチくらいの赤ちゃんドラゴン。ココアちゃんと命名しました。ちゅまの友だちのペリちゃんちにいるお母さんドラゴンには弟も生まれていたそうで、妹のココアちゃんは、我が家でちびドラちゃんが面倒を見て育てることになったんだとか。

まだ全然飛べないので、お出かけのときはちびドラ兄ちゃんがおんぶ。それでも疲れちゃうと、今度はペガサスがおんぶ。見えない動物さんたちみんなで協力して子育てしているそうで。

家の中でも、テーブルの上を歩いているだけでドテッと端から落ちちゃったりするから、目が離せない。夕方の5時半くらいからはさらに甘えん坊になって、ずっと抱っこしてないと泣いちゃうし、泣きすぎると病気になってしまうらしく……待てよ、なんだかどこかで聞いたことがある展開だ。「たまごっち」？

あーもう、いったいどこまでが本当でどこまでがちゅまの妄想なんだろう？　いや、そもそも、「どこまでが本当」ってとらえる感覚がもうすでにヘンか……。

まぁ、そんなわけで、ちゅまも子育てにかり出され、ドラゴンのぬいぐるみに赤ちゃんを入れて、ずっと抱っこしたまま歩いたり宿題をしたり。このぬいぐるみ、実はちゅまがちびドラちゃんのために買ってあげたんだけど、ちびドラ兄ちゃんは大事なぬいぐるみを妹に貸してあげたまま、ちゃんと横につき添ってるんですって。

ああ、うるわしき兄妹愛！

ちゅまも少しは見習って、姉妹喧嘩するの、やめてくれやー！

子だくさんのドラゴン母さんと不思議な穴

ドラゴンの羽にはかぎ状の爪がついていて、それで鳥を捕まえて食べるんだそうです。「食べる」といっても、本当に食べちゃうんじゃなくて、ちょこっと「気」をもらうだけなんですって。その代わりに、ちょこっとドラゴンのパワーをお返しする。すると鳥も元気になって、ドラゴンも元気になる。おもしろいですよね。ちゅまのちびドラちゃんも、「ちょっと出かけてくるね」と山に飛んで行って、そうやってお食事をしてくるらしいです。

さて、なんとちびドラちゃんのお母さんに、またまた赤ちゃんが生まれました。男の子のピーちゃんです。

で、その生まれたばかりのピーちゃん、もう我が家に来ています……。パソコンの横の机の上に立っているって……。

「生まれたばかりの赤ちゃんが、お母さんから離れて、こんなに遠くまで来ていて大丈夫なの？」

とちゅまに聞くと、なんとペリちゃんちと我が家のクローゼットの間に、「見えない穴」があるんだそう。ドラゴンたちが行ったり来たりするために作ったとか……。

ひぇ～、なんだそれー。

実は世の中は、穴だらけなんですって。その穴を通って、いろんなものがあっちに行ったり、こっちに行ったり。ほかのところにつながっている穴、中に入ると出られなくなる穴など、いろんな穴があるんだとか。

その穴を作ったのは、ドラゴンたちじゃなくてペガサスさん。ペガサスにはそういう、遠くへ移動するための穴を作る能力があるんでしょうかね。

狼の奥様、祝ご出産

ちゅまの見えない狼さんはうちの近所で、「はぐれ見えない狼さん」を何頭か見つけて、群れを作ってボスになったんだそうです。群れのうち一匹は羽が生えた狼で、その狼がグループのナンバー2。そしてちゅまの狼さんの奥様でもあります。

その奥様がご出産されました。生まれたのは背中にちっちゃな羽のある赤ちゃんで、全部で三匹。小さな羽をパタパタさせて、もう家中を飛び回っているそうです。

最近では、ちびドラちゃんの妹のココアちゃんも結構上手に飛べるようになってきたらしいので、ちびドラちゃん、ココアちゃん、狼の赤ちゃん三匹の合計五匹が、家の中をあっちこっちパタパタパタパタ。見えない私ですらさすがに、「ん？　今なんか目の前を横切った？」と気配を感じることがあるぐらい。

見えない穴を通ってドラゴンやペガサスは行き来しているらしいし――なんだか我が家は、見えない「ムツゴロウ動物王国」状態になっているようです……。

Stone Shop
見てーっ
石にボクが
彫ってあるよ
かわいいねーっ
かわいいねーっ
あたしは
こっち
のが
かわいいね…
…ねっ
うるるるるん
かわいいの
ほしいの…
買って
もらった！
わーい♡
10歳にして
親の心を
知った
ちゅま

ゾロ目の数字

夏休みも終わり新学期が始まりました。この秋からちゅまは、中学生になりました。学校が半日で終わりだった日、お昼過ぎに迎えに行ったら、「まだお昼食べてないんだ。おなかすいたー」というので、ふたりでちゅまの大好きなマクドナルドへ。

注文の品を受け取って席に着くと、ちゅまが伝票を見て、

「カスタマーナンバーが３３３だってさー。おもしろーい」

となにげなく言いました。

「あ、それって、いつもブログでいろんな人が言ってるやつみたいだ。なんか続いた数字って意味があるんだってさー」

「へー、どういう意味が？」

「……知らない」

まったく頼りにならないおかあさん……。

家に帰ってからネットで調べてみると、『エンジェル・ナンバー――数字は天使の

メッセージ』（ドリーン・バーチュー著）の内容を紹介するサイトに辿り着きました。

「333っていうのは……『アセンデッド・マスターがそばにいます』って書いてあるよ」

「アセンデッド・マスターってなに？」

「知らないなぁ……。えーと、『アセンデッド・マスターたちには、イエス・キリスト、モーゼ、聖母マリアなどがいます』……だって」

「……マクドナルドにぃ？」

「さぁ……」

虫さん、ヒーリングでお手柄

次女のももちゃんが、自転車の練習で両足擦り傷だらけに。お風呂に入ったらますますヒリヒリしちゃったようで、「痛いよぉ」と半泣き。

すると、ももちゃんの見えない動物・スカラベさん、通称「虫さん」が、

「ヒーリングしてあげようか？」

と言ってくれたらしいんだけど、ももちゃんには聞こえない。そこで通訳ちゅまの登場！　虫さんの言葉をももちゃんに伝えると、

「えー？　虫さんに治せるの？」

と、ももちゃんは疑いぎみ。

虫さんはゆっくりとももちゃんの足の上に登って行く。でも、ちっちゃいから、ももちゃんが足を動かすと、すぐに落っこちちゃう。

「動かないで！　虫さんが落っこっちゃうから。じーっと、じーっと」

ちゅまの言うことを素直に聞いて、5分くらいじーっと足を伸ばして床に座ってた

ももちゃん。

「あ！　ホントに痛くなくなったよ。虫さん、ありがとう♪」

いつもはちょっと擦りむいただけでも大騒ぎして、必要もないのにバンソウコウだらけにするくせに、今度ばかりは「バンソウコウはいらないよ」って、おとなしく寝てしまいました。

虫さん、やるじゃん！

インディゴ・クリスタル・レインボーの三色セット？

「インディゴチルドレン」「クリスタルチルドレン」「レインボーチルドレン」というスピリチュアルな考え方のことは、数年前に友だちから教えてもらい、なんとなく知っていました。

アメリカでは、スピリチュアル系ショップに「子どもコーナー」があって関連商品が置いてあるし、アメリカでも日本でも関連サイトがいっぱいあるので流行っているんだなぁ、と思っていましたが、真剣にうちの子どもたちはどれかに当てはまるのか、なんて考えたことがありませんでした。

しかしある日のこと。

「今日ね、おかあさんが石屋さんでおねえさんと話してる間、インディゴチルドレンのことが書いてある本があったから立ち読みしたんだ。そしたら、自分に似てるなぁって思った」

ちゅまは英文だと速読かいっ？　ってくらい読むのが早い。私がおねえさんと話していたのはせいぜい2、3分でしょうが、その間にかなりの量を読んでしまったようでした。

ちゅまには、インディゴとかクリスタルチルドレンの話はほとんどしたことがなかったのですが、知ってしまったものは仕方がない。子どもたちがどんなオーラなのか、この際詳しく聞いてみよう、という気持ちになりました。

ちゅまに色見本表を見せて、自分のオーラがどんな色かを選ばせると、インディゴブルーのような濃い色ではなくて、もう少し明るめの青色だそう。

ドリーン・バーチュー博士のことが書かれているウェブ・サイトの情報を参考に、
「クリスタルチルドレンのオーラは、乳白色でオパールのよう、だって。ばんぶるは?」

と聞いてみました。

「乳白色って？　オパールって？」

とほほ。仕方ないので家にあったオパールのアクセサリーを見せると、

「おお、これはももちゃんのに似てるよ」

と。あれ？　サイキックっぽい三女のばんぶるがクリスタルチルドレンかな、年齢的にも当てはまるし、と思っていたけれど、次女のももちゃん？　ももちゃんは霊感もないし、言葉をしゃべり始めるのも早かったから、クリスタルチルドレンの条件とはだいぶ違うけどなぁ。でもまぁ、条件に当てはまるところもないことはない。

で、ばんぶるは？　言葉の発達も上のふたりと比べると遅れているし、いろいろな条件がクリスタルチルドレンに当てはまりそうだけれど、と思いながら聞くと、

「わからない。なんか複雑。オパールとかじゃないし、普通の人の色のあるオーラとも違う」

とちゅま。そこで念のため、新しい概念であるレインボーチルドレンのオーラについて説明してみました。

「レインボーチルドレンのオーラは虹のパワーを秘めていて……」

「虹ってどんなのか、本物をちゃんと見たことないもん」

なにー？　本物の虹を見たことがない？　そうなのかぁ。そういえば私もカリフォルニアに一〇年住んでいるけれど、この辺は雨が少ないから虹は一回しか見たことがない。そこで、パソコンで検索して、きれいなアーチを描く虹の写真を見せてみた。

しばらく黙ってじーっと写真を見ていたちゅま。

「ばんぶるのオーラは色がこんなはっきり分かれてなくて、いろんな色が細かく混じってるんだけど、波動はそっくり。うん。こんな感じ。で、ぱぁ〜って放射してるの」

へぇぇぇ。ってことは、オーラの色だけでいえば、うちの三姉妹は上から「インディゴ」「クリスタル」「レインボー」全部いるってこと？　三色セットでそろってるってこと？　どっひゃ〜。

でもまぁ、この年代の子どもたちの多くがそういう子だという話もあるようですから、驚くことではないのかな？

こういう子どもたちは「スターチャイルド」、大人になると「スターシード」と呼ばれたりもして、ほかの星の進化が進んだ魂が地球に転生してきたのだとか言われています。

もっとも、我が家のとんでもなくうるさいガキどもを見ている限りでは、とても中にそんな大人の魂が入ってるようには思えませんが……。

寝相が悪い2歳児

三女のばんぶるは、どこの2歳児もそうであるように大変寝相が悪い。しかも、「肉体」の寝相が悪いだけじゃぁ済まない。

ちゅまにはばんぶるの見ている夢が見えるらしいのですが、空を飛んでいる夢を見ているときなんかは決まって、ばんぶるの「中身」が1、2メートルぐらい「肉体」よりも上に浮いちゃっているそうで……。

夕べなどは、夜中に「なんだか重苦しいなぁ」とちゅまが目覚めると、なんと壁一枚を隔てたお隣で寝ているばんぶるの幽体が、ちゅまの胸に乗っていたんだそう。

「起こしちゃかわいそうだから、そのままそーっとしておいたんだけど、おかげで首が痛くなっちゃったよ」

と、ちゅま。そのまましばらく放っておいたら、今度は見えない動物さんたちがよく入っているひつじのぬいぐるみの中に、ヒュルッて入って、そのままそこで寝ていたんだとか……。

そのぬいぐるみ、いろんな動物さんたちが使っているので、中に入りやすくなっているらしい。それにしてもねぇ、一応人間なんですから、肉体と離れたところでぬいぐるみに入って寝るのはどうなのかと……。

新しい動物さんの出現、その意味は？

私のところに、新しい「見えない動物さん」、ワタリガラスがやって来てくれました。

そのワタリガラスは、私のところに来てすぐに、ちゅまに話し始めました。前に一緒にいた人とは子どものときから一緒だったけれど、お年を召されて亡くなったのだそう。

「前の家では子どもがいなかったから、どこでもその辺の床で安心してゆっくりしていられたけれど、ここにはバタバタ走り回る子どもはいるし、見えない動物たちはたくさんいるし、特に狼の赤ちゃんが走り回っているのに加えて、ドラゴンたちは飛び回っているし、おちおち床になんて寝ていられない」

と言っているそうで。すみませんねぇ。

ところで、ワタリガラスが来てくれたことになにか意味があるのかなぁ、と思い、パソコンで検索してみると、最初に見つけたサイトに「今起こっているスピリチュアルな体験を認めましょう」と。

——なんですとぉ⁉

ほかにもいろんなサイトをめぐってみると、ワタリガラスは「日本神話に出てくるヤタガラス」だとか、「メッセンジャー」「お告げ」「予知」など神秘的な意味がある、なんてことがいろいろと書いてある。とってもありがたい存在のような気がしてきました。

ワタリガラスさんご本人に、

「な、なんで、私のところに来てくれたの？」

とおそるおそる聞いてみました。

「え？　いや……、べつに？」（ちゅま訳）

あ、そうですか……。重大なスピリチュアルなお告げでもあるのかと期待してたんですが……あんまり意味はなさそうですね。まぁいいや。

騒がしい我が家にようこそ、来てくれてありがとう。ここが気に入ってくれたら、家族として一緒に楽しく暮らそうね。

おかあさんの見えない動物さんたち

日記を開始して早四カ月。しかし依然として、なにかがはっきり見えたり、感じたりすることもなく、見えない動物さんたちとのコミュニケーションもいつもちゅまの通訳つき。「心の中で話しかければ通じる」と言われてやってみても、なにせ一方通行で、たとえ答えてくれていたとしてもわかんないわけですから、さみしい限りです。

それでも、最初にそばに来てくれたキツネちゃんは私のかわいいパートナー。一生懸命にコミュニケートしてくれようとしているのか、ちゅまがそばにいるときを見計らって、私と遊んでくれようとします。

「おかあさん、『気のボール投げて』って、キツネちゃんが言ってるよ」

気のボール、私にはなかなかできないし、作れても味がないらしい……。そこでちゅまにできてるかどうか確認してもらいながら、作っては投げ、作っては投げ、キツネちゃんがパクリパクリ。

「そうだ、いいこと考えた！」

と手にパワーストーンを乗せてボールを作成すると、

「おぉ！　このほうが味があって美味しい！」

とのこと。やっぱりね。こりゃいいや。以来、ちゅまがいなくてもボールを作っては、

「ほーら、おやつだよー」

となにも見えない空間に投げている私。……ハッと我に返って、

「私、アホみたいじゃないか？　ひとりでなにやってんだ？」

と思ってはみても、投げた先がピカッと光るような気もするし。

ワタリガラスの出現で、今起こっているスピリチュアルな体験を認めましょう、と言われても、まだまだ揺れ動く毎日です。

私を守ってくれている猫のあずきちゃんは、元ペットなわりにいろいろなことができるようで、ほかの見えない動物さんたちとあまり変わりがありません。ドラゴンたちともとっても仲良し。黒猫っていうのは魔女のお供といわれるくらいだから、不思議な能力があるのかもしれません。

キツネちゃんとあずきちゃんは、いつも私のそばにいて、家事に追われる私を手伝ってくれようとしたり、「肩こってるの？　もんであげようか？」なんて言ってくれたりしてるんだとか。私には見えなくても、いつもそばにいてくれて、みんなみんな、いつもありがとうね。

このページのグラタンっていうのおいしーね
大根キラーイ
ねーっこの本しまうよ
この料理本おいしー
まってーその写真の気まだ食べてるの
Cooking
いーかげんにしなさいっ！
片づかないでしょ！
ますます所帯じみるちゅま10歳
もぐもぐ
もぐもぐ

Column 2

じぇいど♪家のお掃除

STEP 1 まずは室内のお掃除

悪い気は、やはりホコリや汚れに溜まるのだ。家中を徹底的にお掃除!　仕上げにスチームクリーナーをかけたり、ティーツリーオイルを数滴垂らしたお水で拭くとエネルギー的にもキレイさがUP!

いらないものはどんどん処分。じゃないと不要なエネルギーを抱え込むことになっちゃうよ。

STEP 2 キレイになったら場のエネルギーを浄化

部屋の四隅の床に盛り塩を。小さなお皿に盛るか、紙に包んで置いてもいいよ。

天井の四隅に小さな棚を作ってクリア水晶を置く、もしくは貼りつける。水晶は安い小さなものでOK(貼りつけるには、耐震グッズとして売られている転倒防止用のパテなどが便利)。

STEP 3 自分も浄化

わけもなく悲しかったり、腹が立ったり――
これも浄化が必要な症状の一種。そういうときは……

・天然塩と日本酒を風呂に入れてゆっくり浸かる。
・お花から取った「フラワーエッセンス」を使ってみよう。
・朝日にはよいエネルギーがいっぱい。早起きして朝日を浴びよう。
・自然の中で過ごそう。森や植物からパワーをもらえるよ。
・水の入ったガラスのビンにクリア水晶を入れ、数時間お日様に当てたものを飲む。この水はお掃除の仕上げにも使うといいよ。

第3章

ちゅま、宇宙へ オシゴトに出かける!?

「地球のグリッド修復作業」ってなんだ!?

最近ちゅまが、ますますトンデモない話をし始めました。

見えない動物さんたちと「気のボール」をおもちゃにして遊んでいるうちはまだ、ほほえましい光景だし、ウソでもホントでもどっちでもいいや、という気分でしたが、今度の話はあまりにも違います。こんなことを書いていいのかどうか、とーっても悩みました。

情報ソースは、ちゅまが実際に幽体離脱して「宇宙旅行」をして見てきた情報、ドラゴンや狼など、見えない動物さんたちから教えてもらう情報、あとは……「アカシックレコード」――宇宙や人類の過去から未来までのすべての歴史が記されたデータバンクのようなもので、宇宙空間自体にそれが記録されているとか――みたいなところへ行ってちゃんと（?）調べてきた情報のようです。

ちゅま、オマエいったい何者!?

ちゅまの説明に従って書いてみますが、これが正しいのか、ただの妄想なのか、正

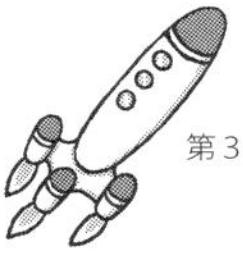

直、私には判断がつきかねます。でも、万が一本当だったら、とっても大切なことかもしれません。

この世の中どこにでも、「グリッド」という網のようなものが存在していて、地球の環境が破壊されるのとともに、どうやらあちらこちらで破れて歪みが出ているらしく、それを正常に直すことが必要なのだそうです。

この破れや歪みを直しておかないと、いずれグリッドがバラバラになって、オゾン層が完全になくなり、地球を守っている層がなくなってしまうのだとか。グリッドというのはエネルギーを伝達したり、そのほかにもいろんな役割を果たしているので、とても重要なのだそうです。

グリッドには、切れてはいないけれど、黒くなってしまっている部分というのもあるそうです。悪い想念が流れたグリッドなんかが、そうなってしまうんだと思われます。

この黒くなったグリッドは、ドラゴンのウロコ、爪、ドラゴンが赤ちゃんのときに卵の殻を破る鼻の上の歯、ドラゴンの卵の殻などで削って、きれいにすることができるとか。これはドラゴンの間で行われている方法なのでしょう。黒いところを取り除いてから新しい糸でつなぐ、という方法もあるそうですが、この場合、つないだ結び目を、ドラゴンのウロコを紙やすりのように使って平らにしなければなりません。そうしないと、パワーがきれいに流れていかないんだそうです。

ちゅまと見えない動物さんたちはグリッドが見えていて、それをつなげたり、結んだりすることができます。グリッドの大切さを知って「自分たちにできることをやってみよう」と考え、修復作業を行っています。また、グリッドの修復には、気のボールをCDやDVDくらいの大きさ、厚さにつぶしたもの、つまり「気のディスク」が使えることを、ちゅまとちびドラちゃんが発見。気のディスクを崩すと繊維みたいなものがあって、その繊維を糸にできるのだそう。新たな糸を紡ぐために、ちびドラちゃんが糸車みたいな機械を二台、どこかから借りてきたそうです。

まーじーかーよー！　さすがに今回ばかりはめちゃめちゃ疑った私。そんなことをしている人が世の中にいるのか？　そんなことができるのか？　半信半疑のままネットで探してみました。すると……いらっしゃいましたよ……。

その方はアメリカのあるライトワーカーさんで、以前、自分の担当地域（?）のグリッドの修復をやっていらっしゃったそうです。彼女に連絡をとってみたところ、

「もう地球はアセンションに向かって安定&上昇しているので、大変なことになる危機は脱したはずだけれど、お嬢さんのいらっしゃる地域の修復が必要なのかもしれませんから、ぜひやってください。お嬢さんは私たちの仲間の最後の一陣のようですね。私たちはずっとそうやって働いてきたんですよ」

と、お返事をいただきました。

……めちゃめちゃビックリなんですけど……。

修復作業とちびドラちゃんのお父さん

テレビでたまたまやっていた番組にしばらく見入っていたちゅま。

「デスヴァレー」という、奇岩や砂丘、塩だらけの場所、「バッドウォーター（西半球で一番海抜の低い地点）」なんかで有名な、砂漠の真ん中の国立公園の紹介番組でした。

それを見たからなのか、家での「グリッド修復」練習が終わったちゅまと見えない動物さんたちは、さっそくそのバッドウォーターに修復作業に行ったんだそうです。

するとなんと、今まで誰だかわからなかったちびドラちゃんのお父さんがそこに！生まれて初めてお父さんに会えたちびドラちゃん、感動の日になったらしい。ちゅまを通して、ちびドラちゃんにお父さんの様子を聞いてみました。

「お父さん、どんな人（？）だった？」

「大きかった」

「大きかったって、どのくらい？」

「ぼくより大きい」

「そりゃ子どものキミよりゃ大きいでしょうよ。なにと同じくらい？」

「う～んとぉ。デスヴァレーの砂丘一個くらい。でもそこのショッピングモールよりは小さい」

はぁ？　なんですと？　いったい何メートルあるんでしょう？

身長はもう、ちゅまどころか、私も追い抜いてしまったちびドラちゃん。三カ月前は私の肩に乗ってたのになぁ……。そのうちちびドラちゃんも、お父さんみたいに大きくなって、抱っこはおろか、この家に入ることもできなくなるんでしょうか……。

グリッドの修復作業

グリッドの修復作業には、基本的に空を飛べる人（？）だけが参加。まずは大陸ごとに担当を決めたんだそうです。ちびドラちゃんとちゅまはアフリカ、ちびドラちゃんの妹ココアちゃんは一番飛ぶのが速いのでひとりでアジアを担当、羽の生えた狼さんとその三匹の子どもたちがオーストラリア周辺を担当することになったのだとか。残りのみんなは糸を作ったり、運んだり、といったほかの作業をするんでしょう。

ちゅまが修復作業を始めてびっくりしたのは、作業をしているのがちゅまとその仲間たちだけじゃあないってこと。どこへ行っても、たくさんのいろんな存在たちが修復作業をしているんだそうです。

しかも、もっとびっくりしたのは、修復作業に携わっているのはドラゴンや見えない動物さんたちだけじゃなくって、人間もたくさんいるということ。たいていは大人なんですが、それに混じって、ばんぶるぐらいの2、3歳の子どももたくさん。ほとんどがレインボーのオーラだったらしいですが、ただ浮いて見ているだけの子もいれば、小さいのに、実際にちゃんと作業をしている子もいるのだとか。

修復方法もみんなそれぞれ違うんだそうです。ちゅまたちのように糸を現場に持って行って修復する人もいれば、その場で作った「気」を貼りつけていく人、祈りとかヒーリングみたいな方法で修復する人など、いろいろだそうです。

ショックだったのは、アジア担当のココアちゃんの話。

日本には、グリッドが完全になくなってしまっている場所があったそう。「たぶん爆弾のせい」とのことなので、広島と長崎のことだと思うのですが、そこは修復する方法が今のところない。だからそのまま放っておくしかないんだそう。核実験をくり返したアリゾナにも、グリッドがないところがかなりあるらしいです。どうしたらいいんでしょうね……。

ラピュタ発見

アフリカにグリッド修復に行ったちゅまが、なんだかよくわからないものを発見。

「一番似てるのはねぇ……ラピュタみたいなのよ」

ラピュタぁ〜？　あの『天空の城ラピュタ』みたいな空中都市のラピュタ？

「アフリカ大陸の二倍くらいあって、空中に浮いてるんだけどね。アフリカの真ん中にグリッドが太いところがあって、そこを真っ直ぐ上に行くと、上にあがれるのよ。でもほかの場所からは入れないの。今は誰も住んでないんだけど、昔はちゃんと都市だったところが木に覆われてジャングルみたいになりました、って感じのところ」

なんじゃそりゃ。そんなものの話を聞いたことがある人、ほかにもいますか〜？

ラピュタは本当にあった!?
アフリカ上空になぞの大陸発見!!
今は無人のジャングルなの
アフリカ大陸の二倍!?
そんなに広い土地があるのに
我が家の密集度はいったい…

見えなくてもできる修復作業

グリッドの修復に関して、ちゅまがおもしろい現象を発見していました。

よい言葉を上に向かって発すると、言葉のパワーはグリッドに乗って上に流れて行きます。そしてこのよい言葉のパワーには、グリッドの破れたところを修復する力があるんだそう。お祈りなどの想念も同じように、グリッドを修復する力があるんですって。

私みたいにグリッドが見えてない人にでも、ポジティブな想念を口に出したり、書いたりすることで、グリッドの修復ができるのだそうです。ちゅまによると、「具体的に書いたり、口に出すのが重要。思うだけでは、雑念が混じったりするからダメ」とのこと。

うっかり出ちゃいそうなよけいな言葉や悪い言葉はぐっと抑えなくては。グリッドがまた汚れちゃって、修復作業隊が出動しなければならなくなるから。ガミガミおかあさんな自分への戒めです。

きれいな言葉やポジティブな想念で地球を守るグリッドが強くなるんだよ
へ～
ポジティブね
愛してます地球さんありがとう
俺はポルシェに乗る！
キラキラ
いやっ
俺はポルシェに乗っている！
最高にポジティブな言葉だ！
なんかちがう
買ってあげないよ

サーチ＆レスキュー隊

毎日決まった時間に「グリッド修復隊」として出勤するちゅまですが、現実での所要時間はせいぜい数秒。それでも「向こう」での一回の作業は短いシフトで5時間、長いシフトは5時間やって30分休憩して、また5時間。

現実でも忙しい日常を送っているちゅまのこと。宿題も夜中までかかってやることがしょっちゅうなのですが、

「今日のシフト開始まであと30分しかない！　がんばって終わらせなきゃ」

と、宿題もはかどっているようです。

最近のグリッド修復作業では、同じ年齢の子同士がチームに分かれて作業を行っているそうで、ちゅまは10歳チームのリーダー。チームは、リーダーがふたり、構成員が九人で、通常一一人ずつの構成なのだとか。しかしそれぞれの人間が連れている動物さんたちも作業に加わるので、実際は結構な数になるのだそう。

ちゅまのいる10歳チームの今のお仕事は、修復隊の中の「サーチ&レスキュー」。昼のシフトでは日本とアジアへ、夜のシフトでは毎回違うところへ出動。

サーチ&レスキューチームの仕事は、作業中に「黒い穴」に落っこちてしまっていた作業員などを救出すること。自分も穴に落ちてしまうかもしれない危険な作業なので、チームを組んでやるのだそう。救出後は新たに糸でグリッドを作って、その危険な穴を埋めていきます。

この黒い穴というのは、原爆を使ったためか、グリッドが切れてしまって修復する方法がないような場所のことなのですが、どうも修復の方法は上から指導されず、チームごとに自力で見つけるように、と言われているそう。この黒い穴の小さなものは、宇宙にたくさん存在するんですって。

ん？　「上」って？　誰なんでしょうね。いるみたいですよ。姿は見せないらしいですが。

宇宙船を作っちゃったですとぉ!?

ちゅまの10歳チームには、なぜか13歳の子もいるんだそうです。とっても勇敢でレスキューに大活躍の子なんだけど、小柄なせいで13歳チームの中でからかわれてしまって、それでちゅまのチームにやってきたとか。やっぱり子ども同士。からかったり、いじめたりは、「上」でもあるんですね。ほかにも、なんらかの事情で所属している年上の子たちがいるそうです。

「上」ではお互いに、「下」での名前を名乗ってはいけないルールがあるそうで、だから、その13歳の子の名前もわからないし、男の子か女の子かもわからない。でもふたりはすでに大の仲良し。

30分の休憩時間には、「宇宙ステーション」みたいな街でみんながそれぞれ好きなことをして過ごすらしい。普段からロボットを作ったりするのが大好きなちゅまは、その子と一緒にふたり乗りの飛行機（?）を作っちゃったそうです。

「パーツを少しずつ『気』で作ると、『上』ではちゃんと実体を持つんだ。それを組み立てて飛ぶようにしたの。防護ガラスはないけど、ふたりの『気』でパワーシールドも作ったんだよ」

と、ちゅまはうれしそうに言っていました。

ふたりは飛行機に乗り込んで、あちこち飛び回って試運転。すると年上の子たちができあがったシロモノを見て、

「なんだぁ、おまえら! 『アナキン・スカイウォーカー』かよ!」

と大ウケ。「上」に来るような子たちは、当然『スター・ウォーズ』を知っています。だってあれはもともと、スターチャイルド、スターシードのために創られた映画でしょうからね。

気をよくしたふたりは、

「次の休み時間にはもっと大きくして、チーム全員が乗れるようにしようよ」

「わかった。じゃ、あとでね」

と約束を交わして、また「下」の世界へ。

その後少しずつ改造して、今では一〇人乗りの宇宙船からふたり乗りのポッドが分離して飛び出す、けっこうカッチョイイものができたんだとか。積み込んだ糸を後ろ

から発射してグリッドを作っていく、という機能までつけて、修復作業のスピードも格段に上がったそうです。

『スター・ウォーズ』ごっこはいいけれど、くれぐれも「ダース・ベーダー」にはならないようにね！

ちゅまは最近宇宙でのお仕事をしているらしい
たとえ妄想でも環境を守ろうという気持ちは立派だよ
バーン
おいちゅま
宇宙船の資料持ってきてやったぜ！
新車カタログ
ポルシェ
ポルシェ
おとうさんポルシェは車です…
ヒューッ
宇宙を走るポルシェ！最高だろ
ポルシェ

ちびドラちゃん、未婚の父に！

ちゅまとちびドラちゃんがグリッドの修復作業中、なぜか突然、ちびドラちゃんの頭に卵が落ちてきたのだとか。

「ドラゴンの卵だけど、Fertilize されてないのよ。だから、ちびドラちゃんが Fertilize したの。ドラゴンの卵って、産んでからFertilize できるのね」

とちゅま。

ええ？　「Fertilize」って「受精させる」ってことだよねぇ……。それって、ちびドラちゃんがお父さんになるっていうこと？　いつの間にそんな大人になったわけ？

とりあえず、行動的なちびドラちゃんひとりで卵を温めるのでは心配なので、ペリちゃんちの母ドラさんに預かってもらっていたそう。

そしてついに、孵化しました。

卵から出てきたのは、なんと東洋系の長ーい龍！　大きさは幅2センチ、長さ20センチで、歯磨き粉のチューブぐらいでしょうか。色は極彩色。ってちゃんとカッコイ

イ日本語があるのをちゅまは知らないので、
「あっちこっちが赤とか黄色とか緑とか青とか、いろんな色」
と言っていました。

まだち〜ちゃいち〜ちゃい龍の赤ちゃん。みぃみぃ言っているので、みーちゃんという名前にしました。みーちゃんは小さいのに、もう立派にお仕事ができるんです。なんと、ちゅまたちのグリッド修復隊が作った宇宙船のエンジン調整と修理ができるんだとか。ちびドラちゃんはリュックサックを作って、その中にみーちゃんを入れて仕事に行くそうです。赤ちゃんをおんぶして出勤。かっこいいじゃん、ちびドラちゃんってば。

それにしてもいったい、誰がお母さんなんだろう？　でも、みんなでかわいがっているし、おっぱいは母ドラさんにもらっているので、さみしくはないようです。

……あれ？　ドラゴンって哺乳類なの？

クレイドラゴンのクーちゃん

日本のヒーラーの方に、遠隔でイルカのエネルギー・ヒーリングをしていただきました。実はこれで二回目。

このヒーリングは、ビジュアルで「見える」人には、たくさんのイルカが本当にやって来るように見えるらしい。イルカさんたちの背中に乗せてもらえることもあるらしく、ちゅまは前回は大きな大人のイルカさんに乗せてもらったそうです。場合によっては、背中に乗せた人を宝箱のあるところに連れて行ってくれるときもあるのだとか。

しかしこのとき、ヒーラーさんのところからやって来たのは子どものイルカさん。今日は若くて小さいイルカさんばっかりだなぁ、これじゃ乗れないなぁ、とちゅまが思っていたら、その中の一匹がすーっと寄ってきて、ふたつのプレゼントをくれたそう。ちゅまのために宝箱を開けて持って来てくれたらしい。

プレゼントのひとつは、「卵」でした。

ちゅまから卵を受け取ったちびドラちゃんは、ちゅまのベッドの下で孵化させました。卵から出てきたのは、30センチ近くあるドラゴンの赤ちゃん。生まれて一カ月くらい経ったピーちゃんより、すでに大きい。色は灰色と茶色、体温はほかのドラゴンよりも低いそうで、鍵爪もありません。この赤ちゃんは、「クレイドラゴン」という種類なんだそうです。クレイドラゴンだから、クーちゃんと名づけました。

ちびドラちゃん、妹のココアちゃん、弟のピーちゃんの三兄弟は「ヨーロピアン・ストーンドラゴン」という種類なのですが、クレイドラゴンの「クレイ」は「粘土、土」を表すように、やっぱりストーンドラゴンとは少しずつ違うところがあるんだそう。

石の「気」を食べるのが大好きなストーンドラゴンに対し、クレイドラゴンは大地の「気」をパクパク。生まれてから一生懸命に空を飛ぶ練習をしなきゃならないストーンドラゴンと違って、最初から練習なしで飛べるみたい。

まだまだわからないことだらけのドラゴンの世界。でも、ドラゴンにとっても人間の世界はわからないことだらけらしく、クーちゃんは私のやっていることに興味津々。ちゅまに通訳してもらって、私に「それなぁに?」「これなぁに?」と質問攻撃……。

「なにやってるの？」

「メール書いてるの」

「メールって？」

「離れたところの人とお話するの」

「テレパシーじゃなくて？」

「おかあさんはテレパシーが使えないから、こうやって言いたいことを文字にして打ち出して、それを電波っていう見えない線と電話線っていうところを通して、相手に送るのよ」

「へー、じゃあ、やっぱりテレパシーと同じだ。でも時間がかかって面倒くさいね」

……いろいろ聞きたがるところなんて、人間のちっちゃい子と同じですね。

ちびドラちゃん
妹のココアちゃん
弟のピーちゃん
ふみ～っ
クレイドラゴンのクーちゃん
東洋龍のみーちゃん
ドラゴンもいっぱい増えたねぇ
ほのぼの
数えられるうちはまだ「いっぱい」じゃないことにじぇいど♪後日気づくであった

イルカさんからもらった謎の鍵

イルカさんがくれたもうひとつのプレゼントは、なんだかわからない「鍵」でした。

「なにに使う鍵なんだろう？　どんな素敵なものの鍵なんだろう？　ほかの宝箱の鍵かなぁ？　それとも秘密のドアが開くのかなぁ？」

と、その鍵の使い道を考えてワクワクしていたちゅま。

数日後、「鍵、使えたよ」と私に報告。でも、なんだかあまりうれしくなさそう。

「なんの鍵だったの？」

「……トイレ」

「はぁ？」

「『宇宙』にあるトイレの鍵だった……」

どういうことでしょー。「宇宙」にトイレがあるっていうのも変だし。でもまぁ、トイレは必要っちゃぁ必要なんだろうけどねぇ。

でもやっぱり、トイレの鍵をわざわざイルカがくれるなんて、となんとなく納得できなかったちゅま。以来、あれこれ考えていたのですが、その後とんでもないところで鍵穴を発見したのだそう。

グリッド修復作業中に宇宙船で空を飛んでいたら、うっかりよそ見をした瞬間に、グリッドが切れてできてる黒い穴に突っ込んで吸い込まれてしまったのだとか。ガッツーンとなにかにぶつかって止まったら、目の前に鍵穴が。まさかね、と思いながら、イルカからもらった鍵を差し込んでみると——

「どうしたの？」

「開いたの」

「開いたって、なにが？」

「黒い穴の底が」

ブラックホールに底？　いや、そもそもグリッドが切れてできてる黒い穴って、いわゆるあのブラックホールなんだろうか？　でもって、なんで底に鍵穴が？　しかもその鍵をなんでイルカが？

もうなにがなんだかわかりませんが、とにかく、鍵のおかげで穴から無事に抜け出せたんだそうです。

そして怪我の功名か、直す方法がないと思われていた大きな黒い穴の、すばやい修理法が見つかったのだそう。

これまでのように穴の中に入ってから入り口に向かってグリッドを修復していく方法では、まず穴の中に入ること自体が危険だったし、修復にも三倍の糸と手間が必要でした。でも、これを入り口からどんどん奥に向かってグリッドを作っていって、最後に鍵を使って穴の底から出ると、あら不思議。グリッドが穴に吸い込まれてしまうこともなく、一回でちゃんと穴が消えるんですって。

この方法の発見によって、普通の大きさの穴なら、穴の中に吸い込まれていた魂を救出し、宇宙ステーションに送り届けて、また穴に戻って入り口から糸でグリッドを作り穴を埋めていき、最後に鍵を使って底から脱出、といった具合に、効率よく作業ができるようになったわけです。

でも、広島や長崎の上にあるような巨大な穴というのは、もう単なる穴の域を超えていて、普通の町一個分くらいの大きさがあるんだそう。まず中に取り残された魂の捜索にも時間がかかるし、広いから鍵穴だってそう簡単に見つかりそうもない――そんなわけで、埋めるにはまだまだ時間がかかりそう、とのことでした。

ちび水晶から
ひょっこり出てきた
ちびネコちゃん
みぅ
1.5cm
2cm
とってもちっちゃくて
甘えん坊さん
てけてけ
ちゅまたんと遊ぶのーっ
石屋さんで売ってる
小石のなかには
時々こんな
ちびっちゃいのが
住んでいる
みぅ
石の精霊さん？

宇宙ステーション

グリッド修復作業をしている大勢の人や動物たちが集まるステーションには、グループごとに使う小さいステーションがたくさんと、みんなが集まる本部ステーションのようなところがあるそう。

時々館内に「〇〇さん、〇〇さん、ステーション三千何百何十何番におこしください」なんてのが放送されるそうで、「ステーションって、いったいいくつあるんだろう？」って、ちゅまにも想像がつかないくらい、たくさんあるんだそうです。

本部ステーションには、ラーメン屋やマクドナルド（!）、牛丼家にすし屋、インドカレー屋、健康食レストランなどなどがあって、休憩時間にはみんな無料で食べられるんですと。庭もあって、そこにはステーキが埋まっていて、みんなの連れている動物さんたちもそこでお食事ができるらしい。

各ステーションにはあちこちにコーヒーポットがあって、ついでもついでもまた増えるので、永遠になくならないんだとか。便利だなぁ。

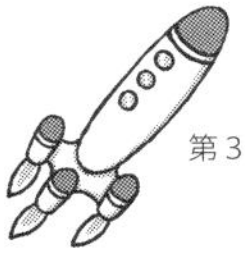

ちゅまは「下」の世界でお腹が空くと、「上」に行ってなんか食べようかなぁ、と試してみるんだそう。でも、

「『上』にいる間だけはお腹いっぱいになるんだけど、『下』に戻ってくるとまたお腹が空いちゃうんだ」

と、残念がってます。成長期真っただ中だもんね。

本部ステーションでアルバイト

宇宙の本部ステーションは一個ではなくて、いくつかのステーションがあるそうです。レストランなどがあるステーションの隣りには、ほかのいろいろなお店屋さんが集まっているところがあって、その中にちゅまの大好きな石屋さんもあるんだそう。「上」の石屋さんで売っているのは石の「気」だけ。そこでは普通の小さい石は無料で、好きなものを選べばもらえるそう。ただし、「下」の世界に持って帰ることはできません。持って帰れないものは、自分専用のロッカーに入れておくんだとか。

今、ちゅまが一番ほしいのは、ルーン文字が彫られた石のセット。ところがこれは無料じゃなくって有料。「上」には通貨はないらしいですが、小切手のような証書のようなものが通貨代わりになっていて、有料のものを買うにはお金を手に入れなければならないそうです。

その石屋さんでも店番のアルバイトをさせてくれるけれど、そこでのアルバイトは超人気なので、ちゅまもまだ一回しかやったことがないんだそう。

「次に順番が回ってくるのは、きっと三、四カ月先だろうなぁ……」

とちゅまはため息。

「うーん、じゃあ、石屋で『あなたに最適の石を選んであげます』って、コンサルティングするのはどうよ？」

「『上』に来る人は誰でも自分でわかるから、そんなのあそこでは商売にならないのよ」

そこでちゅまは、石屋でのアルバイトとは別に、自分が考えたグリッド修復テクニックを書いた小冊子を作って、本や道具を売ってるお店に置いてもらうことにしたのだそう。小冊子の売上は、石を買うためじゃなくって、飛行機の改造に必要なパーツを買うためのお金にするんだとか。

「でね、冊子は無事にお店に置かせてもらえたんだけど、削除されちゃったところがあるんだ」

「どんな箇所？」

「『グリッドでバリアを作る方法』の部分」

「それって、秘密のテクニックだから？」

「ううん。バリア製作機っていうのがそのお店にあって、それが売れなくなっちゃうからこの部分は削らせてねって」

そりゃ、お店も商売ですからね、仕方ない。

しかし、基本的なものは無料だけどオプションにはお金が必要で、そのために自分で工夫して働いてお金を稼ぐ——そんな宇宙ステーションでの生活って、なーんかバーチャルライフのゲームみたいだなぁ……。

ちゅまが働く宇宙ステーションには商店街もあって飲食店も充実している
宇宙ではねーっ小麦粉とプリンが高価なの！
へえ〜
いつもの役に立たないトリビア。
でね バーガーショップがつぶれたの やっぱ不健康だって
おとうさんみたいな人ばっかじゃないからねぇ
食いながら運動すればいいじゃない

石屋のおじさん

「アモンラってなに？」

と、机に向かっていたちゅまが突然聞いてきました。

なーんか聞いたことがあるなぁ、なんて思いながらネットで検索してみると、「エジプトの神様」とありました。

「いろんな神様の名前を憶えていかなくっちゃいけないんだー」

ふうん、ちょうど学校の歴史の授業でエジプト文明を習ってるから、その宿題なのかな、と思っていると、

「五個覚えていくと、ルーンが一個もらえるのよ」

あ、なぁんだ、宇宙ステーションの石屋さんの話ね。

きっとちゅまのこと、石屋さんに日参して「ルーンの石がほしいなあ、ほしいなあ、でもお金がないなあ……」なんて言ってたんでしょう。そんなちゅまに根負けしたのか、石屋のおじさんが、

「世界の神様の名前と歴史的な意味を覚えてきなさい。五個言えるようになるごとに一個ずつ、ルーンの石をあげるよ」

と言ってくれたんですって。

一生懸命に覚えて、もらえたルーンはまだ一個。全部そろえてルーン占いができるのは、いったいいつの日か……。

おじさんはほかにも、日常のさまざまな疑問に答えてくれるんだそうです。

「おじさんのこと書いてもいいかなあ？　いつか聞いといてね」

と言ったら、その場で2、3秒宙を見つめて、

「いいってさ」

とちゅま。えぇぇ!?

「も、もしかして、今の一瞬に聞いてきたの？」

「うん、1時間くらい行って、おじさんに聞いて、ちょっとだけ仕事してきた」

早えぇぇ～……。

作業のグループ分け

「上」での作業グループは、気性や魂の属性（？）みたいなもので分けられているようで、オーラを見ると、似たような者同士が組み合わせられていて、連れている動物さんたちも似たようなものであることが多いそうです。きっと、それぞれの長所を生かした仕事ができるように仕事の内容も少しずつ違うのでしょうし、喧嘩にならないように配慮されているのではなでしょうか。

ほかにはなんと「死んじゃってる子」のグループもあるんだそう。つまり、もう肉体がないんですね。

そして、悲しいのは「行方不明グループ」ってちゅまが呼んでいるグループ。行方不明というのはなんだか適切な言葉じゃないような気がしますが、死んじゃってはないんだけれど、肉体は精神病院に入院中で薬を没与され続けていたり、というグループ。本体の意識がない、もしくは、本体の意識とつながっていない、というような意味なのでしょう。「下」の世界で、〝覚醒〟はしたものの親に受け止めてもらえず、

精神病院に連れて行かれてそのまま入院、もしくは薬を与えられ続けている子がいる、
ということなんでしょうか。

親に受け入れてもらえないスターシードたち

本部ステーションには、いろいろなグループの人たちが集まってくるので、ちゅまはさまざまな人と知り合いになるそうです。そこで出会って一緒に食事をした子の中には、「下」の世界でとても苦労をしている子がいるようです。

たとえば、アルコール中毒の父親に暴力を振るわれている、17歳のAくん。Aくんのお父さんは、ご自身も多少人の感情が読めてしまう、いわゆる「エンパス」という能力の持ち主で、Aくんはさらに強いサイキック能力を受け継いだために、とても苦労をしたそうです。

Aくんの家は貧しく、洋服はいつも古着屋で購入するもの。新品の洋服は買ってもらえません。しかし、Aくんの場合、古着を着ると前の持ち主の思念が読めてしまうので困ったことになる。なので、「古着は着たくない」と親に訴えるけれど、どうしても理解してもらえず、小さい頃からこのような発言をするたびに、本などで殴られていたそうです。

そうした境遇で、おそらくお父さんの暴力はお母さんにも向かっていたのでしょう。ある日、寒いと言ったAくんに、お母さんが自分の毛布を貸してくれました。でもAくんは、毛布に残っていたお母さんの思念を読み取ってしまった。お母さんは「自殺したい」と思っていました。つらかったでしょうね。長じるにつれて増すAくんのサイキック能力――いろんなトラブルがあったことでしょう。

そのうちAくんも、ちゅまのように「宇宙」でグリッド修復隊として働くようになりました。Aくんは、「上」でグリッド修復などに関わっていることをお母さんにだけ打ち明けました。「上」では「両親のうち少なくともひとりには、なにをやっているか理解してもらえそうなら話しておくこと」と指導されています。

しかしある日、お父さんに知られてしまいました。お父さんだって、すべての思考が読み取れないまでも、母子がなにか大事なことを隠していると感づいたのでしょう。以来、お父さんは、そんな話は嘘だ、と頭ごなしにAくんを否定。それでも「真実だ」と訴えるAくんを、わけのわからないことばかり考えて、と怒りに任せて殴ったそうです。

そして先日、Aくんはまた散々に殴られたそう。Aくんはただ宿題の答えをぼーっと考えていただけなのに、お父さんはまた肉体を離脱していると誤解したのだそう。そのときお父さんが、「もう出て行け」と心底思っているというのを感じ取ってしまったAくんは家出を決意。同じようにサイキックで悩んでいた同年代の友だちと一緒に暮らし始めたばかりなのだとか。

その友だちは天使系なので、一緒のグループで働くことはできないそうですが、

「たまに本部ステーションで一緒に食事するくらいはできるんだよ」

と、Aくんはその友だちをちゅまに紹介してくれたそうです。

バン
マミー
マミー
バン
どした
…べつに
いるなら
いいの
プイ
マミーが
おかあさんで
ホントに
よかった
うるるん
ほえ?

テレポート・ステーション

宇宙での移動手段はテレポーテーション。テレポート・ステーションという、いろんなところに行くための駅みたいなものがあって、それを使うのだそう。そこにはひとりが入れるサイズの穴がいっぱいあって、間違えて落っこちないように、ドア代わりにバリアが張ってあるのだとか。

穴は行き先別になっているので、行きたい場所の列に並び、順番がきたら穴に入る。誰かがボタンを押して、出発。乗車賃は無料。「No Tampering」という注意書きがなぜか英語で書いてあり、「行き先は勝手に変えられない」ってことらしいです。

そのほかに有料の移動手段もあります。これはグループで使う大きなもの。行きたいところをイメージするか、そこの名前を言うと、ひとり用のテレポーテーション・ルートにない場所でも、どこでも行けるようになっているそうです。

自分の力で「エイヤッ」ってテレポートするわけじゃなくって、『スター・トレック』みたいに、やっぱり機械を使って移動するんですね。

ちゅまがドラゴンや仲間と一緒に作った宇宙便利グッズ
ベビー用テレパシートランシーバー
携帯PC
宇宙船
ライトセーバー
子どもだな～
宇宙を走るポルシ…
ドヤ
もっと子どもだ

宇宙のレンタル倉庫

ちゅまや「上」のお友だち、またドラゴンをはじめとする見えない動物さんたちも、グリッドの修復やレスキュー作業の合間にお金を稼ぐ努力をしています。

ちゅまは最近、グリッド裏技集を小冊子にして本屋で売るほかに、グループの友だちと一緒に「飛行機の改造に使うパーツを作って売る」という仕事も始めました。

ちびドラちゃんは、夜寝る前にひとりしこしこと糸を作っています。それを、ステーションの一角に借りた小さなブースで、自分で店番もして売っています。グリッドを糸で修復するチームに結構売れるんだそうです。

今、ちゅまチームが一生懸命お金を貯めているのは、自分たちの宇宙船を停める倉庫を借りるため。レンタル倉庫みたいなもんでしょうか。

実は現在、宇宙船はいわゆる「路上駐車」状態なのだそう。まぁ、「下」の世界と違って盗まれちゃうなんてことはありませんが、なにかが飛んでくることもあるし、ほかの人のじゃまでもあるし、あまり安全とは言い難い。

というわけで、修復作業が終わると、いちいちふたり乗りポッドと本体をバラバラにして、ポッドは友だちが持って帰り、なんと本体の方は我が家の屋根の上に停めてあるんだそうです……。

宇宙船の中はボタン一発でふわふわのベッドが出てくるように改造したので、最近身長5メートルくらいになって、さすがに家の中で寝られなくなったちびドラちゃんは、そこで寝ることもあるそうで。……ってことは、その宇宙船、相当デカいのね。

妹のココアちゃんや弟のピーちゃんが暖かい家の中でテレビを観たり、走り回ったり、ちゅまのぬいぐるみに入って抱っこしてもらったりしている間、ちびドラちゃんはひとり、テレビもない宇宙船本体の中でしこしこ糸作り。

がんばれ、お兄ちゃん！

早くレンタル倉庫が借りられるといいね。

宇宙ステーションのサービス業いろいろ

ばんぶるが風邪を引きました。で、ちゅまが医者に連れて行ってくれたんです。あ、もちろん、「ここ」のじゃなくって、「宇宙」の医者のことね。

連れて行った、というよりは、呼ばれたんだそう。具合が悪い人は「向こう」でわかってて、「医者に来させられる」んだそうです。

「上」には保育所もあって、ちゅまも仕事中はばんぶるとドラゴンの赤ちゃんたちを預かってもらうのですと。そこの保育所では人間もドラゴンも一緒。仲良くみんなで遊びます。

オムツの取れてない赤ちゃんでもOK。ただ、人間のおむつは無料で支給されるんだけど、ドラゴンの赤ちゃんのオムツは「なるべく持参してください」ってことになってるとか。ドラゴンのオムツには尻尾月の穴が必要で、尻尾の位置や太さってドラゴンによって違うから、さまざまな種類やサイズを保育所でストックしておくのはとても大変だから、ということらしい。

お医者さんだとか保育所だとかレストランだとか各種お店屋さんだとか、いろいろなサービスが集まっているステーションには、人間だけじゃなくっていろんな存在が来ているそうです。

「仕事では一緒にならないけど、天使みたいな人たちもレストランやお店にいっぱい来てるんだよ。それっぽい羽が背中に生えてたり、生えてなかったりするの」

とのこと。

ステーションには洋服屋さんもあって、そこで売っているのも、みんなが「上」で着ているのも、地球と同じ普通の服。ＳＦ映画やアニメで描かれる宇宙での生活みたいに、体にぴったりしたボディースーツなんかを着ているわけではなさそうです。

レストラン街にはラーメン屋も発見したちゅまですが、いつも混んでいていまだに入れたことがないのだとか。ラーメンの人気って宇宙規模なんですね。

ちゅまはお蕎麦が好きなんだけど、蕎麦・うどんの店はないらしい。

誰か、宇宙初の蕎麦・うどんの店、出してくれませんか〜？

ホントなの？　妄想なの？

日記を書き始めてから五カ月が経ちました。数カ月前までの私は、いろんなチャネラーさんたちの「高次の存在からのメッセージ」などに出くわしては、「なにこれ？ここまで妄想にエネルギー注げるって、すごいよね」なんて思っていました。でも、これまで書いてきたものを冷静に読むと、すっげーヘンな、ありえなーい、うっそだぁって話ばっかりで、自分もなんだかそういう状況になってるよなぁ、と感じていたり。

しかしねぇ、家にドラゴンがいて、見えない動物がいて、うちの子は石としゃべってるなんて話、ここまでお読みくださったみなさまの中にも「いくらなんでも妄想入りすぎじゃない？」「ファンタジー本の読みすぎじゃない？」と思われる方がいらっしゃるのでは、と思います。そりゃそうだ。私だって、いまだにそう思うもの。

しかも話はどんどんＳＦっぽくなってきて、「世の中には目に見えないグリッドってものがあって、破れたグリッドをちゅまと見えない動物さんたちが修復している」

とか、「グリッドの修復にはたくさんの人たちが参加していて、宇宙ステーションがあって、宇宙船が飛んでいて、私たちが知っているこの三次元の地球以外の人も生活していて、仕事をしている場所がある」とか、しかも「地球人が意識体で時空を超えて、そこと地球の間を行ったり来たりしている」なんてやっぱ、いくらなんでもホントだとは信じ難い話ですよね。

でも、ちゅまに何度確認しても「絶対に本当だよ」と自信満々に言い張るだけ。

ちゅまって小さい頃から自由作文が一番苦手な子で、「なに書いていいかわかんなーい」と何度泣いたことか。毎日毎日これだけ詳細な話を創り上げるだけのイマジネーションがあるとは、とても思えません。

……もしですよ。

もしこれが、ホントに本当の話なのだったら――

そうだとしたら、地球はこれまでにもいろんな存在によって、ずっと守られてきたのだと思います。地球外からこの地球に派遣されて隠密として働いてすぐ帰っちゃったり、口外してはいけなかったり、無意識で働いていたり――そんな存在があることを、私たち三次元の地球に生きる人間の大部分が、知らなかっただけなのかもしれません。

でもこうしてちゅまから話を聞き、ちゅまのように地球外の活動の記憶を持って帰ることができる子が現れて、その様子をみんなに知らせることができる、というのは、今まで地球を助けてくれていた、私たちには見えないしコンタクトできなかった存在が、地球上の人間に自分たちの存在と現在の地球の状況を知らせようとしているのではないかな、と、そう思うようになりました。

……おおっと、違います、違います。なんか啓示が聞こえたとかじゃあないですよ。もちろん、ちゅまに見えているのは、地球の外にある世界の、ほーんのちっちゃな一部のことだろうし、知ったからってどうなの？　ってことかもしれません。でも、そういうことを知るのって、ちょっと楽しいかも。

というわけで、ちゅまの見てきた、どこだかわからないけれど、たくさんの人が地球と宇宙を守るために働いている世界のフツーの日常話。「妄想でしょ！」との思いも半分。が、もしかしたら……の思いも半分。失笑されるであろうことも承知で「あえて」今後もちゅまの伝えるままを書いていこう、と思います。

毎度おなじみ宇宙のトリビア！
へぇ〜
宇宙ステーションははだか禁止！
シャワー中に来ちゃったような人は三回まで服の無料レンタルができます
へぇ〜〜〜〜〜
こちら「へぇ〜」ばっかでギャラは一緒！
でへぇ〜
ぺし

Column 3

Vibration Frequency Number

ちゅま発案☆エネルギーのバイブレーション高低表。
数字が小さいほど波長が細かくて、大きいほど波が大きい。

1未満　アストラル体状態の存在などが持つ　Love for everything

1　戦争で死に直面している人。体から意識が抜けたり入ったりしている

1.2～2.0　ステーションなどに行くときの人間の中身のバイブレーション、肉体はあるが覚醒した人間のバイブレーション

2.5　両思いの決まった相手への愛、高校生くらい

3　Crush（好きという気持ち）Male 9歳～ローティーン、好きなのにいじめるなどのレベル

3.4～3.5　Crush Female 9歳～ローティーン

4.5　ばんぶるの通常のバイブレーション

5　neutral love for everyone

5.5　通常の肉体のある人間の一般的バイブレーション

5.5　おとうさんとじぇいど♪ の間のつながりのコードのバイブレーション

6　Family Love　守りたい気持ち、つまりエゴを含む

7　ライバル意識、競争心

8　Hatred　いじめ

9　暴力的ないじめ

10　このレベルの感情は多すぎて書けない

11　Intense Hatred

12　Suicide　自分がキライ

15　人間は生きていられないが、運がいいと逆に波動が上がる（謎）

45　全存在のNeutralな位置

100　大人のドラゴン

第４章

みんなの成長、
我が家の変化!?

石の赤ちゃん

「ミネラルショー」というものに行きました。全米各地の石屋さんがなんと八〇店舗も一気に集まる、愛好家ヨダレもののお祭り。普段行く石屋さんに置いてある石とは全然違って、クオリティの高い石がたくさん！

ちゅまも、えへへ、えへへと言いながら、見ても見ても終わらない石の洪水を鑑賞して幸せそう。しかも博物館と違って、恐竜の化石やかなり大きな隕石、絶妙な組み合わせでおもしろい形になった鉱物標本みたいなものや、宝石屋さんが磨いて商品にするようなハイクラスの原石など珍しいものが、お金さえあれば買えちゃうんですから！

まず、ちゅまが前からほしいと言っていたペンデュラム、ももちゃんがお誕生日にほしがっていたオパールの原石を購入。それから、今日はあと一個だけ、とほかの石屋さんのブースを回り始めました。でもちゅまは、見たこともない石や名前も初めて聞くような石をいろいろ見ても、「すごいねー」と言うだけでどれもほしがりませんでした。そして、ある地味な感じのお店に入ったときのこと。

そこはブラジルとカリフォルニアを行ったり来たりしているおじさんのお店で、量はほんのちょっとだけでしたが、ブラジルのレムリアンシードも置いてありました。

私がおじさんと話をしている間、黙ってあたりを見回していたちゅまが、ボソッと言いました。

「あ、石の赤ちゃんがいる」

その「石の赤ちゃん」は、新しい鉱山から産出されたレムリアンシードクリスタルのひとつ。見た目はすんごいフツーで、大きさも小さめ。お値段もたったの11ドル。

レムリアンシードクリスタルは、古代レムリア人の情報が記録されているといわれている水晶。石に、赤ちゃんだの大人だのお年寄りだのが本当にあるんだったら、赤ちゃんじゃなくて、お年寄りとか大人の石のほうがいろいろと教えてくれるんじゃないかなぁ、と思ったのですが……。

「これ欲しい。『連れてって』って言ってる」

とちゅま。

えぇ～？　この石？　見た目、おもしろくともなんともないんですけど、と内心思

った私。ついつい、

「もうちょっといろいろ回ってからにしようよ」

とお店を出てしまいました。

しかしほかのブースをいくつか回っていても、ちゅまは気もそぞろ。先ほどの店の前を通ると、

「赤ちゃんが『置いていかれた』って泣いてるよ」

というのです。そんなに言うのなら、と決心して、買いに戻りました。

店に入るとおじさんが、

「人が石を選んでいるようで、実は石が人を選ぶって言う人もいるんですよ」

と言いながら、石を包んでくれました。

それとなく、怪しい感じにならないように話すおじさん。でもホントはわかってる人みたい。だって、私が最初に「石の赤ちゃん」をちょっと手にとって台に戻したとき、すぐに立ち上がって、わざわざその石を逆向きに置き直していましたもの。私にはなにが逆なんだかさっぱりわかりませんが、ちゅまにも家で、まったく同じことをされました。

「なんで置き直すの？　さっきのお店のおじさんも同じことしてたけど？」

「この子はこっち向きなのが正しいのよ。『反対に置かないで』って文句言ってるのよ」

なんだそれー。

赤ちゃんだけにとっても甘えん坊で、値札のシールをはがそうとしたら大騒ぎ。

……って、ちゅまにしか聞こえないんだけど。

「痛いからはがさないで〜。それにこのシールはあたしの唯一の持ち物なのよ〜」

……だそうです。もー、勝手にふたり（ひとり？）でやってれば？

デスヴァレー旅行記

肌寒い日が続くようになった秋の終わり、家族みんなで小旅行に出かけました。向かったのは、ちびドラちゃん、ココアちゃん、ピーちゃんの三人のお父さんである父ドラさんが住んでいる「デスヴァレー」というところ。カリフォルニア中部にある国立公園で、まぁ、なーんにもなくて、めちゃくちゃ暑いので有名なところです。夏はなんと摂氏56度になることも。携帯の電波も届かないし、夏に車がエンストしたら、マジで命にかかわります。

さて公園に入るなり、ちゅまはびっくり。

「ここって、なんだかドラゴンがいっぱいいるよ」

アメリカの大自然のスケールのでっかさが感じられる、広くって人の気配があまりない場所なので、巨大なドラゴンたちものびのびと暮らすことができるからなのでしょうか。

父ドラさんは、公園の中心地に入った頃から我が家の車と並んで飛び始め、バッドウォーターでお出迎えしてくれました。バッドウォーターの入り口に立った父ドラさんは20メートルくらい。以前ちびドラちゃんが「お父さんはデスヴァレーの砂丘と同じぐらいの大きさ」と言っていたので、このときはちょっと小さくなってくれてたのかもしれません。

父ドラさんはクレイドラゴンとストーンドラゴンのミックス。お年はなんと579歳。ドラゴンの寿命は子どもを持ったドラゴンと持たないドラゴンでは倍も違うんだそうで、子どもを持ったドラゴンの寿命は1000歳くらい、持たなければ500歳くらいなのだとか。

バッドウォーターって、行くまではどんなところなのか知りませんでしたが、天然の塩が地中から湧き出る場所なんですね。塩はいろんな浄化に使うくらいですから、この場所ってもしかして、自然の浄化のためにとっても大事な場所なのかも。

最初に園内地図を見たときは、簡単に見て回れそうだと思いましたが、やっぱりさすが広大なアメリカの大自然。公園を出る頃にはすっかり暗くなっちゃいました。

父ドラさんは帰りの道も、公園の出口の町までずっとお見送りをしてくれました。

ちびドラちゃんに、久しぶりにお父さんに会えてよかったね、と言ったら、

「ちびドラちゃんは、時々ひとりで来てるんだよ」

とちゅま。もうちびドラちゃんは、どこでも自由自在に行けるようになったんだね。

なんにもないんだろうなぁとあまり期待しないで行ったのだけれど、子どもたちも「また行きたーい」と言うくらい楽しめたよう。父ドラさんにも会えたし、まぁ私には見えなかったけど、なかなか楽しい小旅行でした。

ちびドラはこんなに大きくなりました
← 5m →
パパドラにもすぐ追いつくもんねぇ〜
パパ
← →
商店街ぐらい
キャーッ
デカッ
↑冥王星
ボクがんばるよ
わーん
冥王星にはのりずらいと思うの…
MILK

みーちゃんの新しい遊び場

普段はスピリチュアルだの、癒しだのにぜんぜん興味のないおとうさん。なぜか突然、卓上噴水をゲットしてきました。下に貯めた水がポンプで上の段から湧き出てきて、チョロチョロとせせらぎの音がして、おまけにお部屋の乾燥した空気の湿度を上げますっていう癒し商品。どうやらアメリカのチャリティーパーティーでよくやる、サイレントオークションってので落札してきたようです。

いたずらしそうなばんぶるとももちゃんには「触ったら電気が流れて、ビリビリッてなって、死んじゃったら大変だからね。ぜったいに触っちゃダメだよ」なんて非科学的なことを教えて、食卓の端っこに設置。

「ねえ、どうよ。いいでしょ？　落ち着くでしょ？　水の音」

とおとうさんご満悦。たしかに、かすかなせせらぎの音はなかなかいい感じ。

でも実は、一番喜んでいるのはちびドラちゃんの娘、歯磨き粉チューブくらいの大きさの東洋龍の女の子、みーちゃん。ポッチャンと入って、上の段から下の段までウォータースライダーごっこ。疲れると一番下の水溜りでぽちゃぽちゃ水浴び。あまりに居心地がいいらしく、そのまま水に浸かってお昼寝。

おお、なんだか神社とかにある「龍の泉」みたいで、神聖な感じがするじゃない？

と思ったのも束の間。すぐ横を見れば、みんなが普通にご飯を食べたり、食卓の上をグッシャグシャにして図画工作を始めたり……。

ご飯の時間になると、

「ほら、みーちゃん、起きて。ご飯だよ。はやく起きないとなくなっちゃうよ！」

とちゅまが噴水の下のあたりをつっついて言う。みーちゃんは、食べ物の「気」を一切れ取っては、また水に戻ってモグモグ。

神聖とはほど遠いやね……。

ちびドラちゃんに彼女ができた

「ちびドラちゃんに彼女ができた」って書き始めたら、ちびドラちゃん、えー書かないで、やっぱり書いて、やっぱり書かないで、ってしばし悶々としてから、やっぱ書いて、と言ったきり、照れてどっか行っちゃったそう。

まぁ、なにはともあれ、おめでとー！

お相手は、金色の素敵なドラゴンの女の子。ちびドラちゃんが青色なので、ふたりを合わせたらちょうど、パイライト入りのラピスラズリみたいだよねって、友だちにからかわれてるとか。このふたりなら、そんな色の赤ちゃんが生まれそう。

地球ではロンドンに住んでいるという、都会暮らしの彼女。最近大きくなってお うちが狭くなってきたので、ちびドラちゃんがうちの近所の山に作った家で、同棲を始めたんだそうです。

彼女がいつもそばにいて守っている人間は17歳の男の子で、「宇宙」のショッピングモールにある『スター・ウォーズ』マニアショップの店長さん。ちゅまがそこに、自分で作った「ライトセーバー」やらを持ち込んだのがきっかけで、知り合いになったんだとか。

最近、仲良し仲間を集めて新編成したちゅまの年齢混成チームでは、本当はいるべき指導者のポストが空席。なので、「上」の許可が下りたら彼に指導者になってもらうことになったのだそう。

世の中、「ご縁」ですなぁ。

キリンのポーちゃん

動物園に行ったときのこと。

ばんぶるに「なにが見たい？」と聞くと「キリン！」と即答。「キリン！　キリン！」とずっと盛り上がりながら、たくさん歩いてやっと、キリンのエリアに到着。

キリンの赤ちゃんを見ていたら、

「もう一匹、見えないのがいるよ。赤ちゃんだ。こっちに来るよ」

とちゅま。

え……もしかして……。

「どうするんだろう？　ずーっとついてくるよ」

キリンの赤ちゃん、やっぱりついて来ちゃいました。なんでもかんでも引き寄せるのは、いつも、ばんぶるです。

動物園は高速道路を延々と飛ばして行ったところ。帰りの高速でおそるおそる、ちゅまに聞きました。

「キリン、どうした？」
「横を走ってるけど……」

結局キリンの赤ちゃん、走りに走って家までついてきちゃいました。赤ちゃんといってもデカいんですよ、キリン。長い首がおさまるのは吹き抜けになってる一部屋だけなので、家の中にいるときはその部屋にいてもらうことに。名前はポーちゃんに決まりました。

ところで、トーテムアニマルにキリンなんているんでしょうか。ネイティブアメリカンの信仰に、アフリカにしかいないキリンなんて関係ないでしょうし、と思いつつ検索。

ありましたよ。なんでもあるもんですね。「未来を見通す力」ですって。

まぁ、未来どころか、今日と昨日と明日の区別も、朝ご飯と晩ご飯の区別もわかんないばんぶるには、今のところ、ポーちゃんが手伝ってあげられることはなさそうですが……。

あたしにも見えちゃった

6歳の次女ももちゃんが、突然言いました。

「ねえねえ、おかあさん、あのね、今ね、ボールがころころーって転がっていっちゃったのよ」

ボール遊びかな、と思いました。

「このくらいの、ほら、黄色いボールがね、ここから椅子の下へころころーって」

テニスボールかな？　……いや、なんにもありません。

「ほら、こーやって、こーやって、お手てで作るボールみたいなの」

あれ？　誰か「気のボール」作って投げた？　でも、ちゅまは勉強してるし、ばんぶるはテレビ観てるし。

もしかして？　と思ってちゅまに、

「今、この椅子の下にいるのだぁれ？」

と聞くと、椅子の下をのぞき込んで、

「え？　なんで？　ピーちゃんだけど？」
とちゅま。ピーちゃんはちびドラちゃんの弟です。
ってことは……。
ももちゃん、ドラゴンが「気のボール」みたいなものに見えたの？
おかあさんよりちゃんと見えてるじゃん！　おかあさんには、たまーに、キラって
一瞬光るくらいにしか見えないのに！
自分にもちょっと見えたとわかって、とってもうれしそうなももちゃんでした。

ももちゃんの守護交代

ももちゃんを守ってくれていたスカラベさん、通称「虫さん」が、最近いなくなりました。ケガをしたももちゃんにヒーリングをしてくれたり、とても勇気に溢れた頼もしい存在でしたが、最近ももちゃんもいろいろと変わってきたからなのか、虫さんを必要とするほかの人のところにお引っ越ししていったようです。ももちゃんは「見えない」ながらに、とっても大事にしてたんですけどね……。

虫さん、いままでありがとう。元気でね。ももちゃんから「I miss you!」との伝言です。たまにはももちゃんに顔見せに来てね、遊びに来てね。

って日記に書いていたら、

「結構来てるよ」

とちゅま。来てるなら来てるって、ももちゃんに教えてやりゃーいいのに！

さて、学校で鳥のことを勉強しているももちゃん。図鑑を見ながら、

「白フクロウってかわいいなあ、きれいだなあ。『ハリー・ポッター』にも出てくるよなあ」

なんて夢中になっていたら――

今度は白フクロウさんがももちゃんのところに来てくれました。

相変わらずはっきりとは見えないけれど、大喜びのももちゃん。さっそく想像して絵を描きましたが、体に点々を描くと、

「それはメス。ぼくはオス。点々はない」

と白フクロウさんからのクレームが。6歳児が描いたんだから許してやれよー。結構シビアな性格なのね。

転生の記録ファイル

ももちゃんには、はっきりした霊感のようなものはありません。ちゅまのように、見えない動物さんたちがはっきり見えるということもありません。三女のばんぶるのように、やたらめったら見えない動物にくっついてこられちゃうわけでもありません。ちゅまやばんぶるのように、オーラが特別に大きかったりするわけでもありません。

でも、ももちゃんって、全然別の意味で「不思議ちゃん」なのです。

たとえば、私の頭の中で鳴っていた曲をぴったりのタイミングで突然歌い出したり、私がちょうど考えていたことに関連する話題をひょいっと出すのはももちゃん。誰かが一番必要としている言葉を、絶妙のタイミングで言ってあげられるのも、ももちゃん。誰かが手助けを必要としているときに、魔法のように先回りして手助けしてくれるのも、ももちゃん。

まるで人生経験を積んだおばあちゃんのような、周りをハッピーにする言葉を振り撒いて、みんなの普通の日を「なんだかいい日」に変えてしまう。ももちゃんには、親であっても、逆に教えられることがとっても多い。

ちゅまによると、ももちゃんはもう二千回も転生していて、地球での人間暦が長ぁいんだとか。なるほど、魂の人生経験が豊富なのね。

……あれ？　待て待て、ちゅま。二千回って、なんでオマエがそんなことを知っている？

「ああ、ちょっとね。ファイルみたいのをね、読んだのよ」

なんじゃ、そりゃ？

「転生を記録したファイルがあってねぇ、家族の分が読めるんだけどねぇ、開かない部分がほとんどなんだ。最初の部分とタイトルみたいのしか読めないの」

「じゃあ、ちゅまは何回なのよ？」

「えーと、二万回くらい。でも、地球の人間は初めて」

そうか。どうりでなんだか、日常生活でトンチンカンなところがあるわけだ。それにしても二万回っていったい何年なんだよ……。

「おかあさんのもあるよ」

えぇ！

「おかあさんは、地球での転生は一〇回目だってさ。その前はわかんない」

……たった一〇回ですか。

「最初のはね、オーストラリアあたりで、なんかの動物だったたって。あとはスペインで――」

「スペイン？　なになに？　フラメンコダンサーとか？」

「いや、鳥だったみたいだけど？」

たった一〇回のうち、少なくとも二回は人間ですらなかったのか。なんか私だって、ちゅまと同じように、人間としての人生経験めちゃめちゃ浅そう。これじゃ、目くそ鼻くそを笑う、だな……。

えっマジ？
宇宙に温泉があるの!?
あるよ～サウナとか
水晶風呂にワイン風呂いろいろあるよ～
おお～っ
さっ行こかっ
行こかって
そのグラスはいったい…

パンドラの箱を開けてしまったおとうさんのお土産

スピリチュアルなことにおよそ興味のなかったおとうさん。でも最近、どうも以前とは様子が違う。子どもたちに影響されちゃったのか、この間も「龍の泉」を突然設置しちゃうし、そして今度は、仕事で行った南米のお土産に、ばんぶるをのぞく全員分の石のブレスレットを買ってきてくれました。

石についてはまるっきり知識のないおとうさん。自分が買おうとしている石の名前がわからず、南米の石屋からわざわざ電話をかけてきました。

「ねぇ、何色がいい？」

おいおい、色で選ぶんですか……。

「大丈夫。おとうさんの犬さんが一緒に行ってるから。おとうさんは自分で選んでるって思ってるけど、犬さんが選ぶって言ってるから」

と、受話器を私に渡しながら、ちゅまは言いました。

「おとうさんの犬」っていうのは、おとうさんが子どもの頃から飼っていた犬で、今は「見えない犬」になって、いつもおとうさんのそばにいます。「見えない動物さん」ではないけれど、おとうさんの犬も、私のそばにいる猫のあずきちゃんも、「元ペット」にしてはいろいろな能力があるのです。

「そうか、じゃぁ、安心して頼めるね」

「なんでもいいから！　任せた！」

と電話を切った私たち。おとうさん、さぞかし悩んだことでしょう。

でもおとうさん、笑えるくらいぴったりのものを買ってきました。

まず私にはブラックトルマリン。ブラックトルマリンはマイナスイオンを発生して電磁波を避けてくれる石。毎日パソコンに向かっている私にはぴったり！

ももちゃんには、微妙にピンクがかったクォーツ。ローズクォーツではないんだけど、でもちゅまが見ると、「とっても、ももちゃんらしい」んだって。謎。

自分には四角くカットされたタイガーアイ。これはいろんな効果のある石で、ごちゃごちゃになりそうな知的作業を整理するときに、手助けをしてくれる効果もあったりして、超忙しい仕事をしているおとうさんにはぴったりの石。でも、第三の目に働きかけて、霊感を強める働きもあるんだ。うぷぷ。

そしてちゅまには、美しく磨かれたマルチカラーのトルマリン。普段は原石ばかりに目がいって、磨かれた石にはあまり惹かれないちゅま。ふーん、と関心のない様子だったんだけれど、本で調べてみたら、マルチカラーのトルマリンは「自分のハイヤーセルフとつながる助けをする」んだと。ハイヤーセルフとつながるのを、実はこのところの課題にしていたちゅまはびっくり。

ばんぶるへのお土産は、空港の待合室でもらってきたお菓子。すっごく喜んでたから、まーいいやね。

おとうさん、みんなにぴったりのお土産、どうもありがとう！

……っていうか、おとうさんの犬さん、ナイスな選択ありがとう！

その後、ますます癒しグッズを追求しまくってるおとうさん。今度はマッサージシートを購入して食卓の椅子に設置。で、ブイン、ブインって揺れながら……なんと、スピリチュアル系の本を読んでるんです！　本なんて数年に一冊しか読まない人が！

ももちゃんは転生2千回
人間のベテランさん
ちゅまは2万回
前世はドラゴン
じぇいど♪は転生10回
前世はなんかの動物とか鳥とか
おとうさんはねー
聞きたくない
貴族とかマジでやめて動物以下であってくれ～菌類とか
あいつには！
負けられん

宇宙ステーションでのクリスマス

いよいよ年末。クリスマスには、サンタさんにプレゼントをもらったり、ケーキや美味しいものを食べたりして、家族みんなでハッピーに過ごしました。そして地球同様、なんと、「上」の宇宙ステーションでも、クリスマスにいろいろなイベントが行われたんだそうです。もちろんクリスマス以外にも、いろんな宗教のいろんな行事のときには、パーティー会場が設置されて、行きたい人が行けるようになっているんですって。

さてさて、ちゅまが参加したクリスマスパーティー会場には、なんと日本式のガラガラを回す福引が……。それってクリスマスっていうより、商店街の年末大売出しっぽくない!?

それはさておき、狼さんには肉がいっぱいつまった袋、ちゅまには毛布が一枚とやっぱり生肉、ココアちゃんにはクリームたっぷり、イチゴの乗った特大クリスマスケーキが当たったそうで、みんな大喜び。

別の会場はアメリカ式なのか、ビンゴがあったそう。こちらに参加したのはちびドラちゃんとその彼女で、チーズが当たったそうです。

上のパーティーはすっごい人出で、ちゅまはばんぶるを連れて行ったものの、途中で見失ってしまったのだとか。ようやく見つけた頃には、あっちこっちでケーキを食べすぎてお腹いっぱいのばんぶる。どうりで我が家のクリスマスケーキ、珍しく三口くらいで「もういっぱい……」って残したはずですな。

地面の「気」をきれいにする

宇宙ステーションでのちゅまの仕事が配置替えされました。

空のグリッドは作業が進んでだいぶ終わったので、今度は地面の「気」をきれいにする作業のシフトに移ったんだとか。

まず、地面を掘り下げて、ってホントに掘るんじゃないんでしょうが、地面の中の悪くなっている「気」を探します。それを回収して「上」に持って行って、きれいにしたのをまた持って帰ってきて地面に入れ直したり。修復不可能なまでに汚れているものはその場で破壊して、足りなくなった「気」は新しく作ったり、ヒーリングなどで埋めていくんだそうです。

地面の「気」が悪くなるとどうなるのか聞いてみました。

地質学上の地震っていうのは、少しずつ動いているプレート同士の合わせ目に力がかかるのが原因だけれども、それをスピリチュアルな「気」の観点でとらえると、「気」が悪くなっている部分に地震が起きると被害が大きくなる。地震自体を止めることはできないけれど、地面の「気」をきれいにしておけば、それほど被害が大きくならない――とかなんとか。ホントはもうちょっと詳しく話してくれたんだけど英語だったので、まぁ、簡単に説明するとそういうことなんだそうです。

え〜、またまたまたぁ。

さらに、ちゅまたちが地面を掘ってたら、化石みたいな骨がたくさん出てきたんですって。もちろん骨の「気」だけなんですが。

「でね、拾って『上』に持って行って組み立てたら、古いドラゴンの化石だったの！」

はぁ？　ドラゴンって「気」なのに、化石になっちゃうの？

「それで、宇宙ステーションの博物館に置くことになったんだよ」

……はいはい、もう勝手にすればぁ。

セドナ旅行記①

いざ！ スピリチュアルの聖地「セドナ」へ

年末年始の休暇を利用して、ついにあの、スピリチュアルの聖地「セドナ」に行って来ました！

セドナって、見えない人にはわからないけれど、特殊な「気」が発生しているといわれる「ボルテックス」なるものがある町。ネイティブアメリカンにとっての大事な聖地。ここを訪れるだけで癒されたり、人生の転機が訪れたりするといわれる、ニューエイジっぽくってありがた〜いパワースポットなのです。

今回は父ドラさんも「一緒に行くんだ〜」と楽しみにしていて、数日前から我が家に滞在。一家五人とたくさんの見えない動物さんたちで出発です！

早朝に車で家を出て、夜になってやっとセドナの町に入る頃には、なんと雪が！生まれて初めて本物の雪を見たばんぶる、二年ぶりに見たももちゃんとちゅまは「ゆきやこんこん」の大合唱！ その日はそのままホテルにチェックイン。長旅で疲れていたのでみんなあっという間に寝ちゃいました。

翌朝起きると、外はうっすら雪景色。町は濃い霧に包まれていました。

部屋にあった無料情報誌をパラパラめくっていたおとうさんが言いました。

「今日は、とりあえずボルテックスへ行ってみて、雪で観光できなかったら、晴れるまで買い物に行こうよ。俺、こういうアクセサリーがほしいなあ」

「ふーん、じゃ、そうしようか」

と平静を装って答えたものの、内心では、ど、ど、どうしちゃったの？　と驚いていた私。だって、おとうさんが観光地に行って一番嫌いなのは「お土産買い」。おまけにアクセサリーなんて、肩こり解消ネックレスくらいしかしないのに。しかも、おとうさんが指差している広告のアクセサリーは、なんとネイティブアメリカンのホピ族のシルバーアクセサリー。ホピ族だなんて、すんごいスピリチュアルなんじゃないの!?

ホピ族についてネットで調べてみると、「ホピ族は、フォー・コーナーズと呼ばれる、地球の自然エネルギーにとって大事な地とされる聖地を、二千年も守っている一族」とのこと。フォー・コーナーズは、コロラド、ユタ、アリゾナ、ニューメキシコの四州にまたがっている地域で、そこには大量のウランが埋まっている。

聞けば、母ドラさんのお兄さんも、そのフォー・コーナーズを守る仕事をしているそうです。父ドラさんはデスヴァレーでアリゾナの兵器庫&実験場周辺を守護しているし、実はちびドラちゃんちって、一家でこういう仕事をしてるんですね。

ホピ族は
聖地を守る
ネイティブ
アメリカン
ウラン鉱脈の眠る
聖地を
ホピが手放すと
世界が終わる――
そんな予言がある
――
んだよ
似合う?
なに?
俺そんなに
カッコイイ?

セドナ旅行記②

ボルテックス初体験

セドナはアップタウン・セドナとウェスト・セドナのふたつに大きく分かれています。私たちが泊まっていたのは、セドナの町の西側、ウェスト・セドナ。そのちょうど真ん中あたり、空港へ向かう道を入ると、「エアポートメサ」と呼ばれるボルテックスがあります。

私はセドナに行くまで、「ボルテックスはここ」って看板が町中にあるもんだとばっかり思ってましたが、ボルテックスってのはやっぱりスピリチュアルな世界で言われていること。看板や通常の観光地図に堂々と書いてあるわけじゃなかったです。

エアポートメサっていうのも実際行ってみると、え？　ほんとにココ？　ってくらいなんでもないところ。似たような赤い山が両側にあって、どれがボルテックスだかよくわからない。しかも周りは霧で真っ白。ちゅまに、

「なんかある？」

と聞くと、

「うんうん、確かになんかすごい感じがする」

というので、車を停める場所を探すことに。すると、ちゃんと駐車場がありました。

やっぱりココで合ってるのね。

観光客らしき人たちが小道を上がっていくのが見えたのでその後についていくと、すぐ上に広場が。さらにそこから左に岩をよじ登っていくと見晴らし台のようなところがあり、看板には「瞑想する人がいるので、邪魔にならないように静かにしましょう」みたいなことが書いてあったりして。

でもちゅまは、

「ココよりも隣の山の方が、なんだかいい『気』が出ている気がするけどなぁ」

と。スピリチュアル系のガイドブックでも買って行けばよかったんでしょうが、いったいどっちがボルテックスなのかよくわからないまま。

それでもおとうさんは、

「癒されろ〜、肩こりなおれ〜。はぁ〜癒されたぁ〜」

とか言いながら、頭の上で手のひらをぱたぱた。おいおい、浅草寺でお線香の煙を浴びているんじゃないんだから……。

セドナ旅行記③

おとうさんのスピリチュアルな買い物

「お昼ご飯でも」と街の方角に車を走らせていると、

「あ、あった！　あのアクセサリーの広告の店だ！」

とおとうさん。広告にあった店の名前まで覚えていたのね。よっぽどここのアクセサリーがほしいのでしょうか。それとも、呼ばれてる？

店内は落ち着いた雰囲気で、お客さんは私たちだけ。

そしておとうさんたら、もうアクセサリー選びに夢中。店主のスティーブさんにあーでもない、こーでもないと次々見せてもらって、真剣に選ぶことなんと1時間！「このシンボルはなにを表している」だの、「作家はどんな一族のどんな人だ」だの、デザインだけじゃなくって、そういうことまで考え始めたらきりがありません。

でも最近はちゅまの判断を信じ始めているので、「俺に合ってる？」といちいちちゅまに最終判断を仰ぎ、「いや、それはおとうさんにぜんぜん合ってない」とにべもなく言われると、デザイン的、サイズ的にＯＫでも即、却下。

そんな父と娘のやり取りに、スティーブさんも興味津々。

「なにやってんの？」

「いや、あの……エネルギー的に合ってるか、合ってないかがわかるのね、この子」

おとうさんがおそるおそるそう言うと、ホピ族と親交の深いセドナ住人のスティーブさん、どういうことなのか納得した様子でした。

ちゅまが見ると、スティーブさんには見えない狼さんがついているそう。それを伝えると、とても感慨深そうに言いました。

「そうなのかぁ。私ね、自分でなにかに守られてるなって、思ってたんですよ」

実はつい先ごろ山火事にあった際、スティーブさんの家は奇跡的に無事だったのだとか。火の手が目の前に迫ったかと思うと、なぜかスティーブさん宅の前で火が二手に分かれて、彼の家だけを避けるようにしてまた裏手でつながって、彼の裏の家は燃えてしまったんだそうです。


さて、おとうさんがちゅまに聞きながら選んだのは、ホピのベア・クランの作家が作ったもの。

「ベア・クランはメディスンマン（呪医）がちゃんと儀式を守っている氏族で、ベア（熊）はリーダーシップを表すんですよ」

とスティーブさんに教えてもらいました。

ホピ族のアクセサリーは、ちゅまも「どうしてこんなにパワーがあるんだ?」とびっくりするくらいパワフルなものばかり。作り手の念なのか、シンボルの力なのか、銀の力なのか……。なんなんでしょう、ネイティブアメリカンの工芸品のパワーって。

パワーアニマルさんたちにはいろんな意味がある
ワタリガラスさんは魔術的な変化
オオカミさんは教師
キリンさんは未来を見通す力
おとうさんの選んだアクセは熊さん
熊は…リーダーシップ
リーダー?
ポルシェ

セドナ旅行記④

ボルテックスのパワー

「エアポートメサ」に続いて、私たちが行ってみたボルテックスは「ボイントキャニオン」と「ベルロック」。

ボイントキャニオンは男性エネルギーと女性エネルギーを発していると言われていますが、絵葉書にもなっている有名な岩は、残念ながら雲で見えず……。でもちゅま曰く、下の山にもなにかがグルグル回ってるところがあるそうで、エネルギーがそこから上に向かって噴出しているように見えるそう。ドラゴンの子どもたちはそこに突っ込んでいって、うわーい！　とグルグルに乗って遊園地状態だとか。

一方ベルロックは、文字通りベルを伏せたような形の山で、ここのボルテックスは男性的なエネルギーを持っていると言われています。ちゅまにそう言うと、

「うんうん、たしかにそんな感じ」

とのこと。

「山の上の雲が分かれている辺りに、グルグルの始まりがある」

とちゅまは言うのですが——そうは言われても、どこに行っても別になにも感じない私……。わからん人にはやっぱりわからん。ボルテックスが「ある」じゃなくて「あると言われている」としか表現されない所以ですな。

三つのボルテックスを満喫した翌朝、ホテルで目を覚ましたおとうさんが言いました。

「ねぇ、なんか夢、見た？　俺、なんかいっぱい夢を見たんだよ。二十年くらい昔のこととか。やっぱりボルテックスって、なんかあるのかなぁ」

実はおとうさん、普段はまったく夢を見ないのです。まぁ、見ても覚えていないということなんだろうけれども、そういうことにもまったく関心がなかったんです。それがこの変わり様！　ホピ族のアクセサリーなんかも買っちゃったし、今回一番影響を受けちゃったのは、おとうさん!?

そして最終日は「クレセントムーン・ランチ」という公園に行きました。ここは「カテドラル・ロック」がよく見えることで有名な有料の公園。カテドラル・ロックは女性的な癒しのエネルギーを発するボルテックスとのことで、ふたつの大きな山に挟まれた教会の尖塔のようなところにグルグルが見えたらしいです。

今回のボルテックス観光の感想をちゅまに聞いてみました。

「ボルテックスの近くが気持ちよかった。とくにボイントキャニオンは近くまで行ったから、エネルギーがたくさん入ってくるのを感じたな。でも人間だから、ドラゴンたちみたいに『ボルテックス吸い込まれごっこ』ができなくて残念」

あたりめーだ！

「エネルギーの種類は、エアポートメサが好きだった。ピュアなドラゴンっぽい感じ？　ボイントキャニオンはちょっとドラゴンぽい部分もあるけど、もっといろんなエネルギーが混じった感じで、けっこう好きだったよ」

世界的に有名なスピの聖地セドナ
ボルテックスでドラちゃんずはおおはしゃぎ
キャキャ
楽しー
パワースポットに来てみてもなにも感じないナ
スピな体験はできなかったじぇー
ぞろぞろ
ギョッ
まっ普通人だしネ
見える人→

セドナのお土産①

エネルギー入り水晶

私にはどうやるのかさっぱりわかりませんが、ちゅまは今回の旅行で、各ボルテックスの「気」をもらって、それぞれを小さな四つのクリアな水晶に入れてみたのだそう。すると水晶のオーラに、小さな小さなボルテックスの渦ができたんだとか。「かわいぃ～っ!」って言われても、私にはなぁんにも見えません。でもまぁ、今回一番のおもしろいお土産ですね。

もうひとつ、我が家で「赤ちゃん」って呼んでいるにぎりこぶし大のレムリアンシードクリスタルも持って行って、ポケットの中に入れて持ち歩いていたところ、すんごいことになったそうな。

「赤ちゃんは赤ちゃんのままなんだけど、各地の『気』をもらって、すんごいパワフルな赤ちゃんになったんだよ」

と……。まぁ、ちゅまが勝手に言っているだけですので、真偽のほどはわかりませんが……。

ちゅま
のど渇いたの？
自販機で
ジュース
買おっか？
ううん
気になるのは
こっち
ゴミ箱が
宝の山に見える
リサイクル娘
このへんの石も
宝物

セドナのお土産②

ティンシャ

セドナにはスピリチュアル系のお店がたくさんありました。「セドナで一個だけスピリチュアルなお土産を買おう」とみんなで考えた末、ティンシャに決定。

ティンシャとはもともとはチベットのお坊さんが使う法具ですが、場の浄化にも使えると聞いていたので、「自分で浄化する力がない私でも使えそう。きっといいよなぁ」と常々思っていたのでした。

ティンシャにはいろんな大きさのものがあって、大きめのを鳴らしてみると、クレイドラゴンのクーちゃんが、「その音きらーい」と言っている、とちゅま。

「あ、ティンシャ嫌いなの？　じゃあやめようか？」

「そうじゃなくって、その音の高さが嫌いだって」

そこでもっと小さめのを鳴らすと、

「それなら好きって言ってる。わぁ。ほんとに周りがきれいになる」

とちゅま。

あとでネットで調べてみると、ティンシャには種類があって、「真言が彫ってあるティンシャはお坊さんがお経の合いの手として鳴らし、龍の彫ってあるティンシャは龍神への馳走として鳴らし……」と書いてあるサイトを見つけました。なるほど、ドラゴンはティンシャの音が好きなのね。買ってきたティンシャは真言が彫ってあるものですが、うちのドラゴンさんたちはこれでも別にいいみたい。

お土産屋さんでティンシャを購入した後、さっそくホテルの部屋でチーンと鳴らして遊んでいると、なぜかばんぶるがダッシュ。走って飛んで来て、鳴っているティンシャの真下で上を見上げてニコニコ。

「いったいこの子、なにやってんの?」

と目が点になっていると、ちゅまが解説。

「あぁぁ。あのね。ばんぶるが通ってる『宇宙』の保育園で、ティンシャはおやつの時間の合図なのよ。それで、おやつにティンシャの『気』をもらうの。美味しいのよ」

ホントかよ……ってもうホントでも作り話でもなんでもいいけど、目の前のばんぶるは実にうれしそう。

じゃ、ソファーでくつろいでいるという父ドラさんにも一発、チーン。

「……おかあさん、それじゃ『気』が天井に向かってるよ」

「え？」

どうやら鳴らす角度や強さで「気」の飛んでいく方向が違うらしい。シンバルみたいに鳴らしたり、ひもを持ってぶつけ合わせたり、重ねてはじくようにしたり。

その後、いろいろ鳴らして実験してみた結果、なんと、パソコンの画面の浄化にも使えるらしいことが判明。自分でヒーリングできない私には、こりゃ便利。今は、私のパソコンの前に置いてあります。

通りかかったももちゃんがチーン。

パソコンを使い終わった私がチーン。

ちゅまがドラゴンのおやつにチーン。

音を聞いて飛んできたばんぶるにもチーン。

おとうさんまでが自分の頭の上でチーン。

……ますます怪しくなっていく我が家です……。

じぇいど♪
まだ頭痛いの？
ヒーリングしてやろうか？
ズキズキ
ん？
メディスンパワァァ
くまのくすりうり〜〜〜
えい
えい
イタタ…
別のイミで
治ったっしょ
あれ？
痛くない
偉大なるリーダーのパワーなり♪
偶然だよね…

Column 4

ティンシャの鳴らし方

ティンシャはチベット法具の小さな鐘。浄化にとっても便利です。ちゅまが説明してくれた鳴らし方のコツをご紹介します

ネットショップや
アジア雑貨店で
売ってるよ!

ティンシャの音は
ドラちゃんの
オヤツになるよ

A お部屋の浄化とチャクラの浄化に

チ〜ン♪

水平に垂らしてフチを打ち合わせる

一番、音の波動の広がる範囲が大きくて効果的! お部屋全体の浄化に使えます。チャクラの浄化は、各チャクラの近くで鳴らせばOK。ハートチャクラとだけは合わないので避けてね。

B 石の浄化・ピンポイント浄化に

上や下に音を飛ばす方法です。
波動の範囲は小さいけれど浄化力は抜群!
石や物の浄化に使えます。浄化したいものは真下でなく10cmぐらい離すこと。

音は下に
飛ぶよ

左は固定、右を落として
フチをあてる

- 浄化のコツは音を途中で止めないで、ちゃんと消えるまで待つこと!

残念

- シンバルのように鳴らすと波動の範囲も狭く浄化力も弱いので注意。

上に

左は固定、右を引き上げて
フチをあてる

第５章

おかあさんに
なにかが起こってる!?

願いごとをかなえる方法

日記を開始して八カ月目。我が家に転機が訪れました。

一家で宇宙ステーションに移住――違う違う、降って湧いたような家賃の大幅値上げに、引っ越しを決断。現在、家探しの真っ最中です。

今までだったら、なんで値上げなんかするんだよ～、大家さんの人でなし～、と思ったことでしょう。でも、なんか今回は、「キタ――――！」って感じなのです。こりゃもしかして予定通り起きたこと、エネルギーの転換期ってやつ？　と素直に思えるのですよ。

なんか、いろいろ試されてる気がします。

狭くても利便性を重視するのか、遠くてもデカい家がいいのか、一軒家で静かに過ごすか、集合住宅で近所の人と交流する生活か。どんな家を選ぶのか、どんなコミュニティを選ぶのか。なにが重要で、なにが切り捨ててよいもの？　これからどうしたいの？

そういうことを考えるだけじゃなくて、実践するチャンスがやってきた。なんだかこれはドキドキわくわく。

物件探しって、実に運次第。引っ越しのタイミングで、希望に合った物件が空いていなければならないし……。そこでちゅまに調査依頼。

「よっしゃ、ちゅま、どうしたらいいか調べて来い！」

依頼を受けたちゅまが「上」で調べてきたのは、「願いごとをかなえる方法」。びっくりするような方法じゃあないけれど、調査結果として報告します。

まず、なにか「なにもまだ入ってないもの」に願かけをする。家族共通の願いだったらみんなで一緒に。「なにかが入ってる」場合は、交渉してちょっとどいていただく。

まぁ、「なにかが入ってる」かどうかもわからず、「どいていただく」こともできない私のような人は、なにかが入っている可能性の高いパワーストーンや昔から家にあるものなんかよりは、新品のぬいぐるみや小物、写真、絵なんかを用いるといいそうです。でもなぜか、アルミ製のものは避けたほうがよい、とのこと。

次にそれを高いところに置く。もしくはそれを写真に撮って、その写真を高いところに置く。ちゅまが言うには、ものによっては写真に撮ったほうがエネルギーが入りやすい場合もあるんですと。

そして、そのもの、もしくは写真に向かって毎日お願いをする。

それだけ。

でもこれで、願いごとのかなう確率はかなり上がるそうです。

さてさて、これで無事に家は見つかるかな？

ステキな家が
見つかるよう
絵に
願かけしよう！
おもちゃが
全部入る
プレイルームが
作れますように
高いトコ
庭にレモンの木と
あとオレンジの木が
あって…
グレープ
フルーツがいいよ
買うと高いし
お風呂は
きれいで
ジャグジー
つきで…
おとうさん
どこまで
予算内で
かなったら
奇跡だな
だはっ

宇宙ステーションにご招待

家探しの真っ最中で、バタバタと落ち着かない状況の中、スピリチュアルな面でもいろいろなことが起こり始めました。今回は、ちゅまや、ももちゃんや、ばんぶるや、おとうさんじゃなくって、私自身に。

まず、そのひとつめ。

「おかあさんを夕べ初めて宇宙船に乗せて、宇宙ステーションに連れて行ったんだけど。覚えてないよね？　スポーツジムで降ろして、そのあと待ち合わせして、ココアちゃんのバイトしてるカレー屋さんで一緒にカレー食べて帰ってきたんだよ」

とちゅまがびっくり発言。

……はぁ？？？？

なんとこれ、「上」からの指示なんだそうです。宇宙ステーションのすっごい上の方の人？　存在？　姿は見えねど声がする、みたいな人から呼び出しを受けて、

「これからはおかあさんを少しずつ『上』に連れてきて、慣らすように」

と言われたんだとか。

「最初は三次元に記憶を持って帰ることはできないだろうが、少しずつそれができるようにしていきなさい」

そういう指示が出たんだそうで……。

マジで？　びっくり！　どうしましょ。

さらに別の日、パソコンに向かって家探しをしている私の後ろで、ちゅまが勉強していたときのこと。夜遅かったので、私はパソコンに向かいつつも眠くて眠くて、半分寝てるかも～状態。

すると突然、ちゅまがくるっと振り返って言ったのです。

「はいっ。今、おかあさんはなにをしたでしょう？」

「へっ？　なにって、ネットの不動産サイトで家を探してたけど」

「ブー！　たった今、また『上』に行って、ジムで運動して、カレー屋に行って、続けてラーメン屋にも入ってみたけど、『もうお腹いっぱいで食べられない』って言って帰ってきました」

……う～ん、全然わかりません。

しかも、「上」からの指示は、私に対してだけじゃないらしいんです。全体の方針で、準備ができている人をどんどん「上」に連れてきて「慣れてもらう」、そういう時期に入ったんだとか。

「宇宙ステーションにご招待キャンペーン実施中!」ってなところでしょうか?

宇宙ステーション
ご招待
キャンペーン
えっ!?
ご招待!?
今日おかあさんは
宇宙ステーションで
カレーを食べて
ラーメン屋さんに
入って…
食べ放題
キャンペーン
なのに
そんな庶民的な
食い物を!
明日は
寿司ね
なんか
ちがう

いったいなにが起きている……？

さて、私に起きている「いろいろ」のふたつめ。

この話は、日記を書き始めて以来、一番書きにくい。なんせ自分自身のこと。書くのいやだなぁ〜、書くの難しいなぁ〜ってうだうだしたり。

「でも、書かなきゃだめ、それも『今』」

って。

え？　誰が言ってるかって？

……実は私、いつの間にやら頭の中で会話するようになってました。でも、「いやいや、自分で創ってるだけ。気のせい、気のせい」って思ってました。日記を書き始めてからは、スピリチュアルな事柄にいろいろと触れるようになって、今ではリアル生活でもネットの世界でも、周りには「日常チャネリングしっぱなし状態」の人ばっかりですから、「そりゃ影響も受けて、そんな気だってしてくるよな」と、思いっきりこの状況を疑ってました。

しかし、四カ月ほど前のこと。

「なんか声がするようなしないような……」と思っている最中に、ちゅまが言いました。

「おかあさんのそばになんか来た。でも、動物さんじゃない。なんか、丸い小さなエネルギーの塊にしか見えないけど」

なんだろう？　なんだろう？　もしも私の頭の中の声が自分で創っているものじゃなくって、ちゅまに見えたその「存在」と話しているんだとしたら……。でもその「存在」ってなんだろう？　悪いものだったら、いやだなぁ……。

「いや、いいものだから。おかあさんの見えない動物さんが『入れてあげた』って言ってるし」

その存在は、特に「こうしなさい、ああしなさい」と言うわけでもなく、すごく複雑な啓示やメッセージをくれるわけでもなく、なんとなく話し相手になってくれたり、ちょこっとなにかヒントをくれる程度。

そんなわけで、ずっと前に買ったニール・ドナルド・ウォルシュ著の『神との対話』を読んでみました。この本、あまりに神の存在を疑ってたら、ある日突然に神様との会話が始まっちゃったウォルシュさんの「神様との対話集」で、大ベストセラー。ま、定番のスピリチュアル入門書でしょうね。

ああ、こうやって対話が始まる人もいるわけね、でも私の場合は違うよなぁ、やっぱり自分の「自我」の声でしょう、と。でも、もしかしたら「守護霊」とか「ハイヤーセルフ」とか「ガーディアンエンジェル」とか、いろんな名前で呼ばれてる、そういうものの可能性もあるのかなぁ、などと思ったり。

でもそれから、これでもか！　これでもか！　ってぐらい、偶然に何度も何度も同じ言葉を見たり聞いたり、次々に「ありえないっしょ」というシンクロが起こりだして……。

それが示していると思われる先を、冷静に、冷静に分析した結果は――

なんと「ミカエル」。

うっそ～ぉん。天使ぃ～？　そんなわけないじゃん！

我が家には「天使系の存在」がいません。ちゅまには天使が見えないし、「上」でも天使系とは別の場所でお仕事してるし。ばんぶるも「上」ではドラゴン専用エリアの保育園にいるし。

それに私自身、どうも天使という存在にはとても抵抗があって。……だってどう考えても似合わんでしょ?

でもあんまり気になるので、ある日、ついに意を決して聞いてみました。

「あのぉ、もしかして……ミカエル?」

「そう」

まったまたぁ~。「低級霊は高次の存在のフリをする」って話も聞いたことがあるよ? 第一、話し方は軽いし、えらく態度がラフに感じるんですが?

「じゃあ、ホントにミカエルなんだったら、証拠見せてよ。数字のメッセージとか雲とか。そういうの、天使系の人たちがブログでよく書いてるでしょ」

すると当たり前のように、空を見上げるたびに天使の羽っぽい雲があったり、偶然目にする数字がぞろ目だったり。

でもまだやっぱり「ただの雲じゃん。数字なんて、偶然、偶然!」と信じようとしない私。ついに、ものすごいワガママを言ってみました。

「じゃあね、誰かから、どうにも否定しようのない状況でミカエルに関するメールが突然来たら、信じてもいいかも」

するとと……来ましたよ！　たった三日後に。しかも、ミカエルの話し方がえらく軽いことに対する疑念を解くというおまけつき。


その日私は、いろんな高次の存在からのメッセージを伝えている日本人のプロのヒーラーさんのブログを訪ねました。彼が私のブログにコメントを残してくれたので、そのすぐ後に彼のブログを訪ねたのですが、そこにこんなことが書いてあったのです。

「……いつになく、ミカエルの話し方が軽かったのでちょっと意外な感じがした。ミカちゃんって、普段はけっこう厳しくて激しい話し方なんだよね」

あれ？　話し方が軽い？　私が彼になにか言ったわけでもなく、私がミカエル（？）と話してるかも、なんて知る由もなく……。

そしてこの記事を読んでたら、「ん？　なんかいるぞ？」と感じたので、そのミカエル（？）と会話を始めて数分後——

以前、日本から遠隔で「イルカのエネルギー・ヒーリング」をしてくださったヒーラーさんからメールが届いたのです。

「じぇいど♪さんにミカエル・ヒーリングを勧めるように言われた気がしまして」

えええええーっ！　び、び、びっくりですよ。このところ何カ月も個人的なメールのやりとりはなかったのに、なんで今、いきなり？　そこで速攻で返信。

「とりあえず、聞いていいですか？　私、前になんかミカエルのこと、言ったんでしたっけ？　それともミカエルが言ったってこと？？？」

「じぇいど♪さんからは言われてません。天使から言われた気がしたのです。私には明確な言葉が降りてくるわけではないけれど、でも瞑想とかすると『愛しているから』『守っているから』って、バンバン響くように感じるの。自分の直感を大切にするようにしてるので。とりあえず、お知らせだけね」

どうしましょう……。こういうのって一応、「奇跡」とかってヤツなんでしょうか。

すると、「おもしろいから、今カード引いてごらん」と言われたような「気が」。

そこで、最近ちょくちょく行っている「エンジェル・カード」が引けるサイトでカードを引いてみると――なんと今まで一度たりとも出たことのなかった「ミカエル」のカードが……。

……わかりましたよ。もう降参しましたってば。

天使の姿って本当はどんなの？

「天使がウチに来るよ」っていう人は、結構いるらしい。みんなにはどんな風に見えていて、みんなはどんな風にお話してるんでしょうか。

私が感じるのは「頭の中の声」という形。ときどき三次元で見えるときは青いひし形か球体の光。話していても、はっきりしたビジュアルを見たり感じたりするわけじゃなくて、「印象」を受け取るだけ。

ちなみにちゅまに見えている天使っちゅうのは「光のボール」。目も鼻も口も体も羽もなんにもない、モヤモヤしたエネルギーの塊。ミカエルと思われる「光のボール」は青色で、寝てると思われるときはそれが赤くなるのだとか。ドラゴンや動物さんたちの場合はおもいっきりリアルに見えて触れられるので、お互いにぶつかれば痛いし乗られれば重いのだというから、ずいぶんな違いです。それでも天使との意思の疎通はできるそうで、直接「ああしなさい、こうしなさい」っていう指示もあるそうです。

でも、私が感じるミカエルの雰囲気って、えらくリラックスしてて――と言えば聞こえはいいけれど、ようするにその辺に寝っころがって、ひじ枕してこっちを向いて話してたり、私のちょっと上あたりで腹ばいになって頬杖ついてこっちを見下ろしてたり、そういう「感じ」。宗教画に描かれるような、羽の生えたハンサムな神々しいおにいさんっていう、一般的な天使のイメージからは程遠いぃ……。

「天使とお話ができる」っていうほかの人たちのブログを読んでみても、やっぱりもっと神々しいイメージ。私が感じてる天使とあまりにも違うので、ミカエル本人に、なんで？　って聞いてみました。

「簡単に言うと、同じところにアクセスはしてるけど、それぞれのフィルターを通して変換してるから、違う風に見えたり感じたりするんだ」

……ということらしいです。

同じ天使から同じ情報を受け取っても、身長3メートルの羽の生えたハンサムな「いかにも」の姿の天使が、「わたくしが誰だか気になりますか？　わたくしは大天使ミカエルです。あなたのサポートをするためにやってまいりました」って言ってる風に頭の中で変換するのと、寝っころがってひじ枕したあんちゃんが、「オレが誰かって？　ミカエル。なにしてほしいの？　なんでもいいから言ってみ？　ほら〜、えんりょすんなよぉ」って変換するのとじゃ、大違い。

ここからは私の解釈なんだけど、つまり、本当にコミュニケーションしてきているのはただの「思考の塊」で、その印象とか口調、ビジュアルは、受け手が受け入れやすいように、自分の持っているイメージや知識、好みなんかを使って変換するんじゃないかな？　もしかしたら、ちゅまがいつも見てたり、私にもときどき見える光の塊っていうのが、本質には一番近いのかも……と思うんです。

会話の内容にしたって、受け手のフィルターを通すわけだから、受け手が理解できないような複雑な内容を伝えられても、まったく理解できないってこと。小学一年生の子どもにちょっと複雑な話をして、「それ、おうちでお母さんに伝えてね」って言っても、たいてい伝わらないのと同じですね。

そんなわけで、私のところのミカエルがしてくれるのは、せいぜい、世間話程度です……。

天使のビジュアルフィルターはひとそれぞれ
ちゅまにはミカエルが光のボールに見えるらしい
オーソドックスな神々しいフィルター
最近はアニメ調フィルターも多いみたい
じぇいど♪のは…
えと…
今日暑くね？

ミカエル・ヒーリング

日本在住のヒーラーの方に、遠隔で「ミカエル・ヒーリング」をしていただきました。

ヒーリングをお願いしていたのは夜の12時。始まってしばらくは、どうにも落ち着かなくって横になったり座ってみたり、いろいろ体勢を変えていたんだけれど、そのうち額がぐーっとつかまれるような感じになり、ふっと意識が消えちゃいました。次に目が覚める、っていうか意識が戻る、というのを感じたと思ったら、体がない。でもその状態を覚えているのは一瞬。そのまま寝てしまいました。

翌朝、気分はとてもすっきり。でもいつもとなにかが違う……。

ぜんぜんミカエルの気配がない。

あれ？　なんで声がしないんだろう？　ミカエル、どこへ行ったんだろう？

不安になってちゅまに聞くと、

「冷蔵庫の上で爆睡してるけど」

……天使って、寝るんでしょーか？　まぁ、いることはいるんだな、とちょっと安心。

バタバタと朝の支度をして、子どもたちを車に乗せてそれぞれの学校に送っていく途中のこと。ミカエルとつながらなくなっちゃったのかな、と不安だったからかもしれません。運転しながら時折空を見上げて、無意識のうちになにかを探していました。するとと突然、ふっとハートから下のあたりが熱くなったのです。

「オレがいるときと、いないときの違いがわかった？」

と、ミカエルが話しかけてきました。

「空を見てなにを探してたんだ？　天使の羽の形をした雲か？　もう三次元の証拠を求めるのはやめなさい。天使がいるのはもうわかったでしょう？　今後はもっと自分の中の感覚に集中しなさい。

ヒーリングを受けると、奇跡みたいにいきなりいろんなものが見えたり、聞こえたりすると思った？　そんなわけないでしょ。ヒーリングっていうのはただの基礎工事。あとは自分で、毎日少しずつやらなきゃ。

もし今後、子どもたちを育てていく上で、私のサポートを直接得たり、自分自身で見えないものを見たり聞いたりする必要があると感じるのならば、それは自分で覚悟して、自分で開いていくものだ。楽しいことばかりじゃないんだよ。

最終的にどうしたいのかは自分で決めるもの。行動するのも自分。必ず『自分の意思』をもって、自分の言葉で正しく、『こうだから、こうしてほしい』と言えるものがなければ、オレはなにもしてやれない。お前がこうしたいと自分で決心したことがお前の成長のためになることであれば、自然の摂理に矛盾しない方法でうまく事が進むようにサポートしてやれる。オレにできるのは、それだけだ」

ちゅま
ミカエル
見かけた？
冷蔵庫の上に
いたよ
くかーっ
いくらなんでも
砕けすぎでしょ
このフィルター
がーん
んあ？

基礎工事は終わってなかった

同じ日の午後、子どもたちを学校に迎えにいって、家に帰る途中、今度は猛烈な眠気に襲われてしまいました。

帰宅するとちゅまが、

「『おかあさんを寝させておけ』ってミカエルに言われてるけど」

と。いやぁ、この一番忙しい時間に寝てられないでしょう。主婦なんだから。

ところがミカエルも、

「オレの用事だから、いいからおとなしく寝なさい」

と言うので仕方なく、

「じゃあ、1時間だけね」

としぶしぶベッドへ。でも、体口がだるくて、あっという間に寝てしまいました。

ちゅまがミカエルに言われて、1時間ごとに様子を見に来ました。そのたびに目は覚めるのですが、ものすごく眠いし体中がヘン。でもこれは風邪じゃあない。ミカエルに事情は説明されず、ただ言われたことを素直に伝えるだけのちゅま。

「……まだだって。もう1時間」

「……もう1時間」

結局、4時間爆睡。

ふっと体が楽になったので起き上がったけれど、でもやっぱり、気持ちは悪くて吐きそうだし、頭は痛いし、体はいうこと聞かない。いったいどうしちゃったんだろう？　という感じ。頭がボーっとしているので、ももちゃんに、

「おかあさん、いちたすいちは？」

とからかわれる始末……。

なんとか必要最低限の家事を終えて、倒れるように再び爆睡。そのまま朝を迎え、全部で14時間も寝てしまいました。

……なにこれ？　ヒーリングの好転反応？

「エネルギーの流れるパイプを広げたんだよ。お前が自分で願ったことだろう？」

……思い出した。

そうだ、私が願ったんだった。

「セッションだのアチューメントだのを受けるお金も暇もないから、なにかもっと進歩できる方法があるんだったら、お願い、私にもやってほしい。このままじゃ、ちゅまのやっていることの意味も、『上』って呼んでいる場所がなんなのかも、なにもかもがわからなくって、前に進めない」

私は確かにそう言った。そしたらミカエルに、

「もしもサードアイ（第三の目）が開いちゃったら、ヤバイものまで見えちゃうかもしれないよ？　それでもやれるか？　オレのことがちゃんと信じられるなら、万一そういうものまで見え始めちゃっても、守ってやれるから大丈夫だが」

と「覚悟」を聞かれた。

でもその頃は、「彼」がミカエルだなんて信じ切れていなかった。だから願いは即座にかなえられなかった。それに私は怖がりだから、「ミカエル・ヒーリング」というきっかけなしにやられたら、パニックになっていたかもしれない。今回のことで信じる気になったとたん、願いは最善のタイミングでかなえられた。そういうことなんだろうか。

私からもミカエルからも、まだ事情を知らされていないちゅーが私を見るなり、

「おかあさん、クラウンチャクラがでっかくなってる……?」

うわ〜、自分の妄想じゃなくて、やっぱりこれホントなのか?　これじゃもうなんか、充分アブナイ人だよな……。

天使とドラゴンのエネルギー

「もういいから、1時間だけでいいから寝ろ。回線が焼き切れる！」

ミカエルとのことをブログに書いたとたんにメールやコメントが殺到し、その返信に追われていると、突然ミカエルに叱られました。回線ってなに？　もう大丈夫だよ、なんともないのに、なんて思って立ち上がろうとしたら……全身が震えて立てない。なんだこれー！

なんども床にしゃがみ込みながら必死の思いでベッドへ。

「三日くらいぶっ倒れててもおかしくないくらいのエネルギーを流したからな。そうなって当然だ。いいから、1時間でいい、寝ろ」

1時間きっかりで目が覚めてぼーっとしていると、ちゅまが学校の医務室から泣き声で電話してきました。

「具合が悪いから迎えに来て」

ああ、だから寝かされたのか、そんなことを思いながら車を運転し始めたら、不思議とすっと意識の焦点が合ったみたいだった。なにかしてくれたんだろうか。

ちゅまはその日、ミカエル同伴で学校に行っていたそう。しかし午後になると、咳が止まらなくなって声もろくに出なかった。ここ数年、ちゅまはほとんど風邪を引かなかったし、こんなにひどいのは初めて。

ちゅまの魂はピュアなドラゴン。前世はずーっとずーっとドラゴンばかり。

「天使系のエネルギーはまだ受けちゃいけない」

ちゅまは「上」の人から、そう忠告を受けていた。ちゅまを守っている見えない動物さんの狼さんも「来年まで待って」と言っていたそう。

昨日、私の様子を見に何度も寝室に来てくれたちゅま。そのときにちゅまにも、ミカエルのエネルギーが流れてしまったんだろうか。

「合わないエネルギーを受けてしまったときは、チョコレートを食え」

ミカエルに言われてチョコを食べるちゅま。

そういえば、ちゅまはここ数日、ミカエルと普通に話したり、一緒に行動したり、ミカエルからいろいろ忠告されたりしている。これじゃまるで守護天使だ。私のところにもミカエルはずっといるんだけれど、ちゅまともずっと一緒にいる。でも、同じミカエル。不思議。

私はちゅまとは逆で、ミカエルに、カフェインと砂糖禁止令を出されていた。コーヒーやチョコレート中毒と言っていいくらいだったのに、ちゅまがそばでチョコを食べていても全然苦しくない。食欲も前の半分くらいになった。

それに、映画を観ても本を読んでもどこか冷めてて泣いたりしたことのなかった私が、最近は、ちょっとした文章を読んでショックを受ければ素直に体に反応が出る。その場から立ち上がれなくなっちゃうことさえある。自分の感情が変わると、その感情に対応する体の中の特定の場所で、チリチリしたり、不快になったり、気持ちよくなったりすることがわかるようになった。

私の中で確実に、なにかが変わり始めてる……。

合わない
エネルギーを
受けたときのケアや
グラウディング
するときに
便利なのが
チョコレート
CHO
成分表を見てネ
お砂糖が
少なくて
カカオ成分が
多いのがベスト
チョコレート
●原材料名
●カカオマス
成分の
多い順に
かいてるヨ
ニヤリ
でも最近
チョコとか
甘いもの
ほしくない
んだよね～
お昼は
お茶漬けで
いっか～
フッ
これが
ミカエル流
スパルタの始まり
エンジェル
ダイエットであった

人間である自分の判断が第一

ちゅまの具合が悪いのを知ってメールをくれた方がいました。

「今、お母さんと子どもさんはしっかり太いパイプでつながっています。ふたりは親子だけれど、それぞれ独立した魂だということを少し意識してみてください。今、一番大切なのは休むこと。そして一番の薬はお母さんの愛情です。

天使と龍は、私の知っている限りでは共存しています。ただ、住んでいる次元階層が違うので、同時にコンタクトしにくいだけじゃないかな？　天使エネルギーが強すぎるなら、天使に帰ってもらってもいいんじゃないですか？　主人公は、自分自身、人間と、ちゅまちゃんだということを、第一に考えてあげてください」

最後の部分を読んだとたん、今まで聞こえていたミカエルの声がシャットダウンされて、回線が切れたようになった。無意識に一瞬ミカエルを追い出した、というところだろう。再びつながると、ミカエルが絶句しているのがなんとなくわかった。

「悪かった。おまえ、母親だな……。これからはもう少し、ゆるやかにやるから」
とミカエル。

そうか、天使だって、いつもどうしたらいいのか知っている全能で完璧な存在じゃなくて、新しい状況に直面するたびに、いろいろと考えながら試行錯誤しているのかもしれない。それに、天使や「上」の人にああしろこうしろって言われたからって、必ずしも従う必要もないんだ。

まず、人間として、自分の判断をしよう。天使や「上」の人と意見が合わないときがあるかもしれない。そしたら、意見と理由を聞いて、その上で、自分のハートが納得したことだけをやればいい。

後日、ちゅまに天使のエネルギーが合わなくて、天使との「コード」がつながってるのが原因で具合が悪いのなら切ってください、とミカエルに頼もうとしました。人と人とは見えないエネルギーのコードでつながっていて、ミカエルに頼むと剣でコードを切ってくれる、と言われているのを知ったからなのですが。しかし、

「オレを頼るな。剣をやったろう。お前が自分で切るんだ」

と言われ、ミカエルにもらった見えない剣を使って、イメージの中でコードを切ってみました。それがいい作用をもたらしたのか、ちゅまの具合は次第に快方へ。

その話をちゅまにすると、ちゅまに見えるコードも実際に、ぎりぎりを残したように、これまでよりかなり細く変化したとのこと。

「コードがつながってなくても、おかあさんとハグすればいいね」

とちゅまが、私をハグしてきました。

過去生がなんであれ、魂としての経験がどうであれ、今のちゅまは普通の人間の子どもだ。以後もミカエルのスパルタ教育は続いているし、私もステーションに連れて行かれているらしいし、これからも自分にとってのスピリチュアルな世界というのは広がっていくのだろう。

でも——私に一番必要なのは、ちゅまと、ももちゃんと、ばんぶると、おとうさん。家族や友人とのこの地球での今現在の生活、それが一番大事。

ちゅま、もも、
ばんぶる…
深い絆と
見えないコードで
強く結ばれた
私たち家族
でもこの
コードはいらない
えっ
俺!?
じぇいど♪の
愛しのダーリン
だよ!
その
異次元につながる
コードのことだよ!
カンニン
して
切ったら
あきまへん
ポルシェ次元

楽しい家探し

さて、ミカエル騒ぎの最中も、必死で家探しをしていたじぇいど♪ 家。不動産屋の情報サイトで見つけた家や、車を走らせているときに偶然見つけた「RENT」ってサインが出ている家など、短期間に、本当にたくさんの家を見て回りました。

広さや設備はどうか、立地はどうか、そしてなにより予算に合うかどうか……。そうやってあれこれ見て回っているうちに、おもしろいことに気づきました。

どの家も、私たちに「見つかった」理由が、ちゃんとあるような気がするのです。

え？ 考えすぎ？

もちろん、自分たちで探しているんだから、自分たちにとってよい物件を選んでいるのですが、それにしても、よくこんなにぴったりのところが、こんな値段で、私たちが家を探しているこの時期に、たまたま空いてるよなぁって。

常識的には2LDKのアパートメントくらいがやっとの予算で、最低3LDK一軒家、というすごくずうずうしい探し方をしているから、どの物件も高級住宅街の超豪邸じゃあないし、あきらめなきゃならない「ちょっとワケあり」な部分がどこかしらにあります。でも、だから、とても現実的。

高級住宅街にぽこっとひとつだけあった、その地域にしては破格に安い家。設備が古いままだけれど自然がいっぱいで、とってもチャーミング。半分屋外のようになった広くておもしろいスペースがあって、なまった体を叩き直すにはいい運動場所かも。ちゅまの学校のすぐそばにあった家は庭が広くて、ちゅまが大好きな庭仕事がし放題&ドラゴンや狼たちも居場所が作り放題。でも、ちょっと家自体がチッチャイ。

古きよき時代を思わせる、趣ある自然いっぱいの物件には、なんと庭どころか畑と果樹園がついていました。大家さんはバリバリの自然派で熱心なキリスト教徒。私たち一家をすごく気に入ってくれました。周囲の環境はちょっと雑然としていたかな？

私が大好きなヤシの木が両側に延々と続いている、いかにもカリフォルニアって感じの気持ちよい道。そこを抜けた先にあった、おとうさん好みの新築に近い家。この風景を一日に何回も堪能しながら行き来するのはとても素敵。でもみんなの通勤、通学を考えると、ちょっと遠いぃ。

物件を見に行く途中に、なんと「ドラゴン・ストリート」という名前の道を通ったこともありました。地図にもない、できたばかりの新しい道。どうしてまたそんな珍しい名前にしたんでしょうか？

ちょっと不思議な出来事に遭遇したのは、ももちゃんの習い事教室のすぐ真裏にあった物件。家賃も大きさも交通の便も、なにもかもが我が家にちょうどいい家。自然はあまりないけれどとても近代的で、運動するための施設がいろいろついている。手入れも行き届いていて、なぜかプールもあって予算内。これはお得！　しかし……。

最初に外観だけを見に行ったとき、ちゅまが言いました。

「おかあさん、この家、中になにかいるよ」

うわー。ゴーストバスターしなきゃいけないのかあ……。内部を見学するには家に入らなきゃいけないので、内見の予約を取った後、ミカエルに、

「見学で何事も起きませんように。浮遊霊とかいるなら浄化しておいてください」

ってお願いしました。そして内見の日、現地に着くと――

「あれ？　なにもいない。行っちゃったみたいよ？」

ひと安心したものの、内部はちと狭かったので結局はペケ。

……これは、真剣にお願いしてなにかをかなえるための、練習だったのかな？

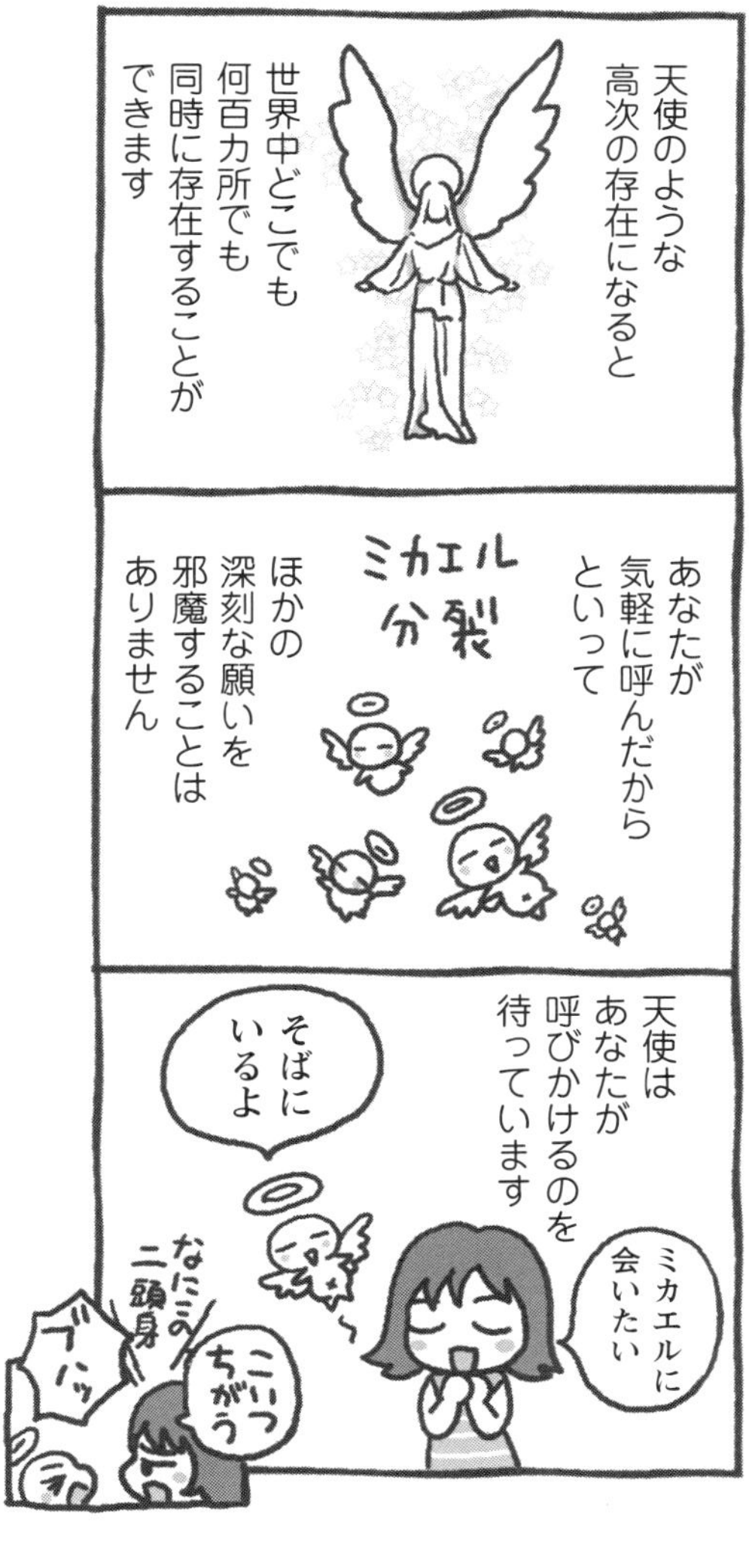
天使のような
高次の存在になると
世界中どこでも
何百カ所でも
同時に存在することが
できます
あなたが
気軽に呼んだから
といって
ミカエル
分裂
ほかの
深刻な願いを
邪魔することは
ありません
天使は
あなたが
呼びかけるのを
待っています
ミカエルに
会いたい
そばに
いるよ
なにこの
二頭身
こいつ
ちがう
ブハッ

いきなり来た最終回答

物件探しもいよいよ大づめ。あーでもない、こーでもないと家族会議を重ねた末、ほぼ「ここかなあ」と決めかけて、その家の契約書類に書き込んでいた矢先……突然知らない人から電話が。

「引っ越さなきゃ」と思ったその日の新聞にあった、たった数行の詳細な情報もなんにも載ってない「貸家あり」って広告。電話したけれど留守電なので、「家を探しています。電話番号は……」とメッセージを残したものの、何週間もずっと返答が来なかった不動産屋からの電話でした。

探している地域と希望の値段を伝えると、その地域よりもずっと便利で安全な、今の家に近いエリアにある家を勧めてきました。

「いや、この地域はもう家賃が高騰していて、高くて住めないから越すんです。とても払えない金額だと思うんですが……」

と、おとうさんが答えると、

「その予算内でなんとかできるかもしれませんよ」

えーっ！　だって、この予算でこの地域は非常識なような。

「とりあえず、見に来てください。今すぐでどうでしょう。何分で来られますか？」

と不動産屋さん。ずいぶん急な話……。

「まあ、ダメもとで見てみよう。あんまり期待しないで」

ということで、すぐにみんなで向かうことに。

そして——出かける支度をしている最中のことでした。

「それ、オレたちの最終回答だから」

突然、そう聞こえました。

「へ？　オレたち？」

と一瞬戸惑ったけれど、とにかく急いで出発。考える余裕もないまま、現地に到着しました。

「あ、こりゃだめだわ……。家賃、めちゃ高そう」

そう思いながらも室内に入ってみると——今の家よりももっと広くて、部屋数もぴったり！　おまけに、なんだか……あれ？　あの「願いをかなえる方法」で、家族みんなで寄ってたかって好き勝手に言った条件が、ちゃんとそれぞれぎりぎりの線でかなっているような……？

「お風呂はきれいでジャグジーで～」というおとうさんの希望、なぜかこの築五十年ほどの古い家で、風呂場だけ新品に改装。おまけに、小さいけどなぜか、ジャグジーつきのバスタブ。

そういえば、子どもたちと私は、

「庭にレモンの木と～、あとはオレンジかみかんの木があって」

「いやいや、グレープフルーツがいいよ。買うと高いし」

って言っていた覚えが……。

レモンの木、植えたばっかりって感じのちーさいのがあって、一応実がなってます。グレープフルーツの木は、隣の家から枝が伸びていて、こちらの庭にもたくさん落ちている。アメリカの法律では、隣家との境よりこっちに落ちた果物はもらってよいことになっている。これだと、庭仕事苦手な私が木を管理する必要もなし！

おもちゃを処分しなくてもちゃんと全部入るプレイルームが作れますように、という子どもたちみんなのお願い——ちゃんとかなってます！

今、ほかに希望者はいるんですか？　と聞くと、「四、五人います」との答え。そんなに待ってるんじゃ、値段の折り合いつける以前にダメじゃん、と思いながらも一応、非常識に低い希望価格だけ伝えて帰宅。

そしたら……なぜか、なぜか、四、五人をすっ飛ばして、

「私たちとしてはあなたたちにぜひ貸したいので、ほかの申込者よりあなたを優先したいと思います。契約できますか？」

との回答がすぐに！

……ありえないっしょー！

新しい場所、新しいスタート

というわけで。

契約が済んで、引っ越し作業を進め、無事、新しい家に入居することができました。

荷物を運び込んだら、どうみても「ここにお前のパソコン机を置けよ」と言わんばっかりの、机ぴったりサイズの場所が。

「やっぱ、ここに机を置けってこと、だよなぁ」

ってちゅまになにげなく言うと、

「そうそう、ってそこでミカエルがうなずいてるよ」

とのこと。さっそくミカエルは冷蔵庫の上じゃなくって、机を置く位置の真上にある、作りつけの棚に陣取ったようです。

まだダンボールだらけなのに、その部屋はもうすでに、ドラゴンや見えない動物さんの赤ちゃんたちの、保育園状態。ちゅまが「上」から預かってベビーシッター中の赤ちゃんたちを含めたら、もうすごい数。ドラゴンが何匹も走り回ってたり、狼の子たちが寝てたり、ワタリガラスが本棚の上に留まっていたり、イルカが泳ぎ回ってたり、そこに何人もの天使が色とりどりの光の塊として、うろうろふわふわしているらしい。

それぞれの「穴」や見えないおうちも設置し終わって、みーんな新しいおうちが気に入ったようです。

「願いごとをかなえる方法」のおかげかなぁ。いきなり宝くじが当たって、豪邸が選び放題、みたいなありえない奇跡が起きてるわけじゃない。でもきちんと予算内で、みんなの希望通りの、大満足の家。

季節はもうすぐ春。新しい生活を始めるのにもちょうどいい時期だし——。

これってやっぱり、ツイてるとしか思えない！

「集合」の合図

普段寝起きが悪くて目覚ましくらいじゃ起きない私が、目覚ましよりもだいぶ前にミカエルの声ではっきりと目覚めました。とはいっても、目が覚めたのはどうやら中身だけで、体はまだ寝てるみたいな……？

「集合の合図を出しなさい
高い塔に赤い光を点滅させて合図するように
みんな自分の周りをよく見て
各地にちらばった自分の分身
かつての仲間
この家族はなぜ一緒にここにいるのか
探して、融合すれば、
自分が見えてくる

なにをしに来たのか、わかるから」

ミカエルがそう言いました。

ん？　もしかしてこれを書けってこと？

いや、私って、そういうキャラじゃないっしょ。

……でもまあ、一応。

「全員しゅうごう〜！」

だそうです。

あとがき

最後まで読んでくださったみなさま、この本の制作にご尽力くださった方々、「なにみえ」を支えてくださっている大勢の方々、ありがとうございます！

この本になった部分をブログに書いたのはもう二、三年前。「まえがき」に書いたような気持ちでおそるおそる書き始めたのですが、「似たような世界を知っていたが夢だと思っていた」「いろいろ感知してしまうことで孤独を感じていたが居場所を得た」「見えない世界があると知ることで変わることができた」「同じような子どもを育てているので安心した」などなど、思わぬたくさんの反響を得たことは、ちゅまと私にとってうれしい驚きでした。

現在ちゅまは13歳、相変わらず普通にアメリカの中学生活を送り、普通に「上」での生活や仕事もしています。

ブログはその後も続いていて「集合の合図」で集った魂の仲間たちをはじめ、大勢の読者さんたちと共に、アカシックレコードを使って過去生を探りながら現在ここにこうして在る意味やありがたみをあらためて噛み締めたり、ドラゴンに乗って異次元に行く「なにみえ遠足」や、異次元での自己探求サポート施設「クリロズ」といった活動を、たくさんの見えない存在のサポートを得ながら楽しんでいます。

自分の内側を探検して見つける「本当の自分」への「入り口」というものは世の中にたくさんあるわけですが。この「なにが見えてる？」という入り口を気に入ってくださったら大変うれしいです。

二〇〇九年三月　　じぇいど♪

じぇいど♪

アメリカ・カリフォルニア州在住。三人姉妹を育てる日本人の主婦。2006年6月よりブログ「なにが見えてる?」を開始。子育て中のお母さん、スピリチュアルに関心のある読者、プロのヒーラーやチャネラーたちの支持を得る。

ブログ「なにが見えてる?」 http://plaza.rakuten.co.jp/californiajade/

編集協力　生沼有喜
デザイン協力　萩原美和
Thanks to teru for Teru's Angel

なにが見えてる?

フシギな子どもを育てるフツーのおかあさんのスピリチュアル奮闘記

2009年4月22日　第1刷発行

著者　じぇいど♪
イラスト　青い月

装丁　ハセミアヤコ(VAC creative)
本文デザイン　松井和彌(イースト・プレス)
編集　茂刈真紀子

発行人　川井和則

発行所　株式会社イースト・プレス
〒101-0051 東京都千代田区神田神保町1-19　ポニービル6F
TEL 03-5259-7321 ／ FAX 03-5259-7322(営業)
TEL 03-5259-7707(編集)
http://www.eastpress.co.jp

印刷所　中央精版印刷株式会社

ISBN 978-4-7816-0126-7 C0011